Das Kita-Jahreszeitenbuch

Massage-geschichten

Bildnachweis

Freepik.de
S. 46: photographeeasia | S. 69: brgfx

Gettyimages.de
S. 1: dvoriankin | S. 5: kwanchaichaiudom | S. 12: Rike_ | S. 16: Heidrich | S. 19: fotodelux | S. 29: Hinterhaus Productions | S. 34: Nodar Chernishev | S. 39: oxign | S. 41: TimAbramowitz | S. 43: kerdkanno | S. 47: AVolke | S. 52, 53: Color_life | S. 57: KenCanning | S. 60, 61: worldofvector | S. 65: suefeldberg | S. 71: Alex | S. 77: DNY59

Bildnachweis Umschlag: Freepik.de/photographeeasia

Impressum

ISBN: 978-3-96046-205-7

Das Kita-Jahreszeitenbuch
Massagegeschichten

Redaktion	Myriam Bork
Autorinnen	Sabrina Djogo, Aline Kurt
Umschlagillustration	Anke Dammann
Gestaltung und Satz	DOPPELPUNKT, Stuttgart
Druck	Grafik Media Produktionsmanagement, Köln

Klett Kita GmbH
Rotebühlstr. 77
70178 Stuttgart
www.klett-kita.de

Inhalt

Frühling

Sommer

Herbst

Winter

Liebe Leserinnen und Leser,

haben Sie sich schon einmal gefragt, wie sich eine Walnussmassage anfühlen würde? Oder ein tanzendes Blatt auf dem Rücken? Die Massagegeschichten in diesem Buch bieten Ihnen vielfältige Sinneseindrücke und helfen den Kindern, ihren Körper bewusst wahrzunehmen. In Ihrer Gruppe geht es bestimmt oft bewegt zu. Kinder lieben es, sich beim Spielen auszutoben. Damit die Kleinen danach wieder zu Kräften kommen, ist es wichtig, immer wieder Ruhephasen in den Kita-Alltag zu integrieren. Massagegeschichten eignen sich wunderbar für eine kurze Pause. Die Kinder können sich entspannen und im Einzelkontakt zu Ihnen eine vertrauensvolle Beziehung aufbauen.

Unsere Massagegeschichten und -gedichte begleiten Sie durch alle Jahreszeiten. Im Frühling holen sie die ersten warmen Sonnenstrahlen in die Kita und im Sommer verschafft eine Rasensprenger-Regen-Massage Abkühlung. Der kleine Igel Ignatius baut sich im Herbst für die kalten Wintermonate ein warmes Versteck und im Winter entdeckt Harry Hase zum ersten Mal Schnee.

Mit liebevollen Streichel- und Massagebewegungen untermalt, entdecken die Kinder in unseren Geschichten spannende Welten. Durch die achtsamen Berührungen können sie zur Ruhe kommen und sich danach entspannt in neue Abenteuer stürzen.

Wir wünschen Ihnen und Ihren Kindern viel Freude!

Ihr Jahreszeitenbuch-Team

Frühling

Frühlingsgarten

Massagegeschichte

Alter: ab 3 Jahren
Dauer: 10 Minuten

Ich möchte mein Beet für den Frühling schön machen, dafür habe ich mir fünf verschiedene Blumen mitgebracht.

Zuerst muss ich aber die Erde zum Einpflanzen vorbereiten.

Die Erde ist noch hart vom Winter, ich harke sie erst einmal durch, damit sie lockerer wird.
Mit den Händen den Rücken kneten.

Jetzt, wo der Untergrund aufgelockert ist, kann ich auch direkt alle Steine entfernen.
Mit den Fingerspitzen Steine aufsammeln.

Bevor ich anfange, die Löcher für die Pflanzen zu graben, arrangiere ich sie auf meinem Beet:

Die Narzisse ist eine hohe Blume und erstrahlt in verschiedenen Gelbtönen – die werde ich weiter nach hinten stellen.
Flache Hand auf die Mitte des Rückens legen und nach hinten schieben.

Die roten Tulpen werde ich links daneben stellen.
Flache Hand auf die Mitte des Rückens legen und nach links hinten schieben.

Die kunterbunten Ranunkeln sehen am schönsten in der Mitte aus.
Flache Hand auf die Mitte des Rückens legen.

Zwei rosa Primeln setze ich in den Vordergrund.
Beide Hände flach auf den Rücken legen.

Das sieht richtig schön aus! So kann es bleiben. Mit einer Schaufel buddel ich fünf Löcher, um die Blumen dort einzusetzen.
Mit der Handseite über die fünf Stellen streichen und mitzählen.

Nun setze ich die Blumen in die Löcher und fülle sie mit Erde auf, bis sie komplett bedeckt sind.
Mit beiden Händen nacheinander auf alle fünf Stellen drücken, ausladende Streichbewegungen machen.

Zu guter Letzt drücke ich jede Blume noch fest in die Erde. Die Narzisse, die Tulpen, die kunterbunten Ranunkeln und die zwei rosa Primeln.
Mit beiden Händen andrücken.

Jetzt noch mit Wasser gießen – fertig ist mein buntes Blumenbeet.
Mit den Fingerspitzen die Wassertropfen auf den Rücken trommeln.

Idee: Sabrina Djogo

Frühlings-spaziergang

Massagegedicht

Alter: ab 3 Jahren
Dauer: 5 Minuten

Weit öffnet sich die Tür vom Haus,
denn wir können wieder raus.
Mit dem Finger den Umriss des Hauses auf den Rücken zeichnen,
mit der Handfläche streichend die Tür öffnen.

Der leichte Wind streicht mein Gesicht,
während der erste Sonnenstrahl durch die Wolkendecke bricht.
Mit den Fingerspitzen leichte Kreisbewegungen über den Rücken machen.

Ich springe den Weg bis zum Gartenzaun entlang,
mal schauen was ich alles entdecken kann.
Mit zwei Fingern Springbewegungen machen.

Neben mir ist ein kleiner Pfützenplatz,
darin badet ein brauner Spatz.
Mit der anderen Hand den Platz und das Baden durch schnelle Bewegungen
mit den Fingerspitzen anzeigen.

Auf der anderen Seite nun
haben Ameisen ganz viel zu tun.
Zarte Tippelbewegungen mit den Fingerspitzen machen.

Was sitzt vor mir auf dem Stein denn da?
Eine Schnecke mit Häuschen mir ganz nah.
Spirale mit dem Finger malen.

Idee: Sabrina Djogo

Nistkasten

Massagegedicht

Alter: ab 4 Jahren
Dauer: 5 Minuten

Ich hab mir heut Morgen gedacht:
Heute wird ein Nistkasten für Vögel gemacht.
Mit zwei Fingern ein Rechteck malen.

Ich brauche Holzbretter, eine Säge und Leim –
dann wird unser Nistkasten bald fertig sein.
Die Handfläche mit unterschiedlichem Druck auf den Rumpf legen.

Zuerst säge ich die Bretter,
so trotzen sie später jedem Wetter.
Sägebewegung

Zwei lange und zwei kurze Bretter müssen es sein,
die werden später verbunden mit Leim.
Mit den seitlichen Handflächen zwei kurze und zwei lange Bretter symbolisieren.

Der Leim kommt auf die schmale Seite vom Brett in Schlangenform,
so halten die Bretter bestimmt enorm.
Schlangenbewegung mit einem Finger machen.

Jetzt müssen wir das Trocknen abwarten
und dann hängen wir es in unseren Garten.
Wartende Bewegung mit den Fingerkuppen machen,
danach Nägel zum Aufhängen klopfen.

Idee: Sabrina Djogo

Radtour

Massagegedicht

Alter: ab 4 Jahren
Dauer: 5 Minuten

Heute geht es endlich los,
meine Neugier ist ganz groß.
Mit den Fingerspitzen auf der Stelle tippen.

Zusammen fahren wir, das sind eins, zwei, drei
und vier mit den Rädern los,
dafür machen die Füße einen kräftigen Stoß.
*Fingerspitzen zum Zählen verwenden,
dann mit zwei Fingern zum Abstoßen drücken.*

Erst fahre ich langsam und dann schnell,
meine Schwester und ich fahren ein Duell.
*Mit beiden Händen jeweils ein Fahrrad symbolisieren,
danach erst langsam und dann schneller Hände synchron
über den Rücken bewegen.*

Jetzt geht es in einen Wald hinein,
hier fahren wir Slalom im Sonnenschein.
Slalombewegung

Eine Pause darf auch nicht fehlen,
hier können wir beim Essen unsere Geschichten erzählen.
Streichende Bewegungen an einer Stelle machen.

Danach geht es gemütlich wieder Richtung Heim.
So ein Familienausflug ist wirklich fein.
*Hände im Slalom bewegen, erst schnell und dann ganz langsam
zum Ausgangspunkt zurückfahren.*

Tipp
Bei diesem Massagegedicht können Sie auch gerne statt der Hände zwei Fingerbikes nutzen.

Idee: Sabrina Djogo

Eier färben

Massagegeschichte

Alter: ab 3 Jahren
Dauer: 5 Minuten

Heute wollen wir weiße Eier färben, dafür brauchen wir ganz viele Zwiebelschalen, die wir hacken müssen.
Hackende Bewegung mit den Handseiten machen.

Als Nächstes füllen wir Wasser in einen Topf.
Fließende Bewegungen über den gesamten Rücken machen.

Dort legen wir unsere gehackten Zwiebelschalen hinein.
Stellenweise mit dem Handballen drücken.

Und bringen das Wasser dann zum Kochen.
Mit den Fingerspitzen erst langsam und leicht, dann schneller und fester drücken.

Anschließend waschen wir die Eier und reiben sie mit einem Geschirrtuch vorsichtig trocken.
Reibende Bewegung machen.

Um später ein schönes Muster auf dem Ei zu haben, legen wir Gänseblümchen, Löwenzahnblätter und Schafgarbe um das Ei herum und stecken es in einen Seidenstrumpf hinein.
Bei den verschiedenen Blumen unterschiedliche Bewegungen auf dem Rücken machen.

Die vorbereiteten Eier legen wir in den Topf mit dem blubbernden Wasser hinein. Dort bleiben sie ein, zwei, drei, vier, fünf, sechs, sieben, acht Minuten.
Mit dem Finger die Zahlen auf den Rücken tippen.

Jetzt schrecken wir die Eier mit kaltem Wasser ab und befreien sie aus dem Strumpf.
Abschreck-Bewegung machen.

Für den besonderen Glanz werden alle Eier mit etwas Öl abgerieben.
Kreisende Bewegungen mit den Fingerknöcheln machen.

Idee: Sabrina Djogo

Insekten-erwachen

Rätsel-Massage

Alter: ab 4 Jahren
Dauer: 15 Minuten

Wenn sich die ersten Frühlingsblumen zeigen und ihre bunten Blüten Richtung Sonne strecken *(Blume und Sonne auf den Rücken malen)*, dann keucht und fleucht es von allen Seiten und du siehst die ersten Insekten ihres Weges schreiten.
Kribbelnde Bewegung mit den Fingern von außen nach innen auf dem Rücken machen.

Oh! Wen habe ich denn da als Erstes entdeckt? Er hat sich auf der Unterseite von einem Blatt versteckt. Sein Körper ist rund, rot, trägt schwarze Punkte und er ist auf sechs Beinen unterwegs – Marienkäfer sieht man häufig und stets.
Die beschriebenen Details während des Erzählens mit dem Finger auf den Rücken malen.

Das nächste Tier ist ganz klein und zart, es lebt zu hunderten unter der Erde als Staat. Sie ernähren sich von Honigtau und kreieren viele Gänge in ihrem unterirdischen Bau – das können doch nur Ameisen sein, jetzt laufen sie in einer Reihe heim.
Zarte Tippelbewegungen mit wenig Druck machen.

Es summt und brummt um uns herum, geschickt und auch mit ganz viel Schwung – fliegt die Biene weite Strecken, sammelt Pollen und lässt sich am Abend den Honig schmecken.
Mit der Fingerspitze über den Rücken fliegen, dabei Schleifen malen.

Das nächste Tier muss noch kriechen aus seinem Loch. Es ist größer, flauschig und kann fliegen, sich im Frühlingswind hin- und herwiegen. Ich weiß, du weißt es ganz genau – Hummeln sind richtig schlau.
Fliegende Bewegungen mit dem Finger malen, die langsamer und träger sind als die der Biene.

Unser letztes Tier hat vier Flügel, schwebt über weite Blumenhügel. An der Blüte taucht es seinen Rüssel in die volle Nektarschüssel. Dieses filigrane Ding – ist ein wunderschöner Schmetterling.
Spirale des Rüssels geschlossen und ausgerollt nachmalen.

Idee: Sabrina Djogo

Winterstarre ade

Massagegeschichte

Alter: ab 4 Jahren
Dauer: 10 Minuten

Der Winter war bitterkalt. Molche, Kröten, Unken und Frösche haben tief und fest im Wald geschlafen.
Faust auf den Rücken legen.

Der Molch erwacht bei den ersten warmen Sonnenstrahlen, sein Magen knurrt, er macht sich auf den Weg, um Futter zu suchen.
Faust langsam über den Rücken gleiten lassen, dabei mit zwei Fingern die Schritte andeuten.

Endlich entdeckt er ein paar Würmer und Schnecken – yum, yum, yum, nun ist er nicht mehr hungrig und macht sich auf den Weg zu seinem Tümpel.
Fressbewegung durch Fingerbewegung auf dem Rücken darstellen, geräuschvoll begleiten.

Nur im Frühjahr treffen sich alle Molche im Wasser. Dort verbringen sie eine tolle Zeit, schwimmen und wärmen sich unter Wasser und in der Sonne.
Mit der seitlichen Handfläche Schwimmbewegungen über den Rücken machen.

Nach etwa drei Monaten verlassen alle Molche den Tümpel und kehren zur Wiese und in den Wald zurück.
Schwimmende Bewegung mit seitlichen Handflächen, dann krabbelnde Bewegung mit der Faust und zwei Fingern machen.

Idee: Sabrina Djogo

Sonnenschein im Frühling

Massagegedicht

Alter: ab 3 Jahren
Dauer: 10 Minuten

Im Frühling kommt – zu unsrer Wonne,
die schöne, warme Sonne.

Großen Kreis auf den Rücken malen.

Ihre Strahlen Wärme bringen –
die Vögel beginnen gleich, zu singen.

Strahlen über den ganzen Rücken malen.

Ach, wie gut das Licht mir tut,
mein Körper nicht mehr länger ruht.

Mit flachen Händen erst langsam und zart, dann immer schneller klopfen.

Möchte draußen springen, laufen –
vorbei ist die Zeit von braunen Laubhaufen.

Mit zwei Fingern über den Rücken springen, dann laufende Bewegung mit den Fingern machen.

Die Bienen fliegen, die Blumen blühn –
ich freu mich auf das frische Grün.

Blume malen.

Idee: Sabrina Djogo

Kennt ihr das Ziesel?

Massagegedicht

Alter: ab 5 Jahren
Dauer: 5 Minuten

Das Ziesel ist ein Nagetier,
lebt weit weg – leider nicht mehr hier.

Mit Daumen, Zeige- und Mittelfinger Fressbewegung machen.

Hat dehnbare Backentaschen,
damit kann es ganz viel Futter naschen.

*Erst enge und kleine Fressbewegungen mit den Fingern machen,
dann immer ausladender werden.*

Ziesel leben unter der Erde, dort graben sie Kammern
und einen Gang –
der ist oft über 1,5 m lang.

*Mit den Händen eine grabende Bewegung über den Rücken machen,
dann mit den Fingern die unterschiedlichen Kammern aufmalen oder
mit der flachen Hand durch leichten Druck anzeigen.*

Dort essen, schlafen und spielen sie gemeinsam –
denn Ziesel sind nicht gern einsam.

Mit den Fäusten über den Rücken klopfen.

Idee: Sabrina Djogo

Der Igel erwacht

Massagegedicht

Alter: ab 3 Jahren
Dauer: 5 Minuten

Gähhhhhhn – jetzt bin ich endlich aufgewacht,
war das eine lange Winterpracht.

Hände streckend und reckend über den Rücken streichen.

Mein Magen ist leer,
ich habe Hunger wie ein Bär.

Mit der flachen Hand über den Rücken streichen.

Würmer, Larven und auch Schnecken
lass ich mir jetzt richtig schmecken.

Knabber-Bewegung mit der Hand den Rücken entlang machen.

Jetzt noch aus dem Bach ganz frisch,
kommt kühles Wasser auf den Tisch.

Gluckernd mit der Faust von oben nach unten auf den Rücken klopfen.

Nun bin ich satt und froh gestimmt
und krabble in den Wald geschwind.

Mit den Fingern über den Rücken krabbeln.

Idee: Sabrina Djogo

Krötenwanderung

Massagegedicht

Alter: ab 4 Jahren
Dauer: 10 Minuten

Wir merken, schnell, jetzt ist die Zeit,
und machen uns gleichzeitig bereit.
Faust auf den Rücken legen.

Der Weg zum Wasser ist lang und schwer –
Katzen, Vögel und der Straßenverkehr.
Faust in engen, langsamen Bewegungen über den Rücken hüpfen lassen.

Müssen achtsam sein besonders vor großen Lastwagen –
kommen oft erst ans Ziel nach mehreren Tagen.
Beim Hüpfen mit der Faust abrupt innehalten, dann weiter hüpfen.

Wenn wir dann zusammen im Wasser schwimmen,
siehst du bald auch Glühwürmchen zwischen den Sträuchern glimmen.
Fließende Bewegungen mit der Faust über den Rücken machen.

Für uns ist es dann schon höchste Zeit,
gehn zurück in den Wald – der Weg ist weit.
Von der fließenden wieder zur hüpfenden Bewegung übergehen.

Dort hocken wir stets geschützt im Schatten,
damit wir von Sonne und Hitze nicht ermatten.
Faust an einer Stelle ruhen lassen.

Du kannst uns bei der Jagd erspähen –
wie wir sind, kannst du nun verstehen.
Mit der Faust große und kleine Sprünge auf dem Rücken machen.

Idee: Sabrina Djogo

Picknick im Sonnenschein

Massagegedicht

Alter: ab 3 Jahren
Dauer: 5 Minuten

Die Sonne lacht, es ist soweit –
endlich wieder Picknickzeit.

Große Sonne auf den Rücken malen.

Äpfel schälen, Erdbeeren waschen –
alles wird verpackt in Taschen.

Streichende und rubbelnde Bewegungen machen.

Eine große Decke ist auch dabei –
da sind wir bei der Platzwahl frei.

Hände flach auf den Rücken legen.

Egal ob sandig oder auf einem Stein –
wir genießen unser Picknick im Sonnenschein.

Mit flachen Händen über den Rücken klopfen.

Idee: Sabrina Djogo

Erdbeeren

Rätsel-Massage

Alter: ab 4 Jahren
Dauer: 5 Minuten

Dein süßlicher Duft
liegt schon von weitem in der Luft.

Mit den Fingerspitzen über den Rücken kraulen.

Von außen und von innen rot,
schmeckst im Joghurt und auf Brot.

Von der Rückenaußenseite nach innen streichen.

Deine kleinen Nüsse sind gelb,
erobert hast du längst die Welt.

Mit einer Fingerspitze punktuell über den Rücken wandern.

Na, was suchen wir?
Die Erdbeere schmeckt dir und mir.

Umriss einer Erdbeere auf den Rücken malen.

Idee: Sabrina Djogo

Rhabarber

Massagegedicht

Alter: ab 4 Jahren
Dauer: 5 Minuten

Rha Rha Rha ist ein Gemüsestar.
Im Erzähltakt über den Rücken kitzeln.

**Die Blätter sind grün und groß,
doch nur die sauer-süßen, roten Stängel schmecken famos.**
Blatt und Stängel mit den Fingern malen.

Rha Rha Rha ist ein Gemüsestar.
Im Erzähltakt über den Rücken kitzeln.

**Die Stängel direkt aus der Erde
sind saftig frisch und besonders herbe.**
Mit der flachen Hand über den Rücken streichen.

Rha Rha Rha ist ein Gemüsestar.
Im Erzähltakt über den Rücken kitzeln.

**Doch geschnitten und fein püriert
wird er als Kompott lecker serviert.**
Mit den Handflächen hackende Bewegungen, dann mit der Faust eine Spirale-Drehbewegung machen.

Rha Rha Rha ist ein Gemüsestar.
Im Erzähltakt über den Rücken kitzeln.

Idee: Sabrina Djogo

Der Bauer geht aufs Feld

Massagegedicht

Alter: ab 5 Jahren
Dauer: 5 Minuten

Im Frühjahr ist die richtige Zeit,
jetzt macht der Bauer das Feld mit dem Traktor bereit.

Mit dem Finger abwartend auf den Rücken tippen.

Wenn das Feld abgetrocknet ist und die Saat nicht gleich quillt,
wird der Durum gedrillt.

Mit beiden Händen eine drehende Bewegung über den Rücken machen, Drillmaschine imitieren.

Dank Sonne und Dünger wächst der Hartweizen gut und gesund –
landet später als Nudeln, Grießbrei und Brot in unserem Mund.

Wachsen der Pflanze vom Steißbein bis zu den Schultern andeuten, bei Nahrungsmitteln kreisend über den Rücken streichen.

Idee: Sabrina Djogo

Die Zugvögel kehren zurück

Massagegedicht

Alter: ab 4 Jahren
Dauer: 5 Minuten

Stare kommen jetzt zuhauf
vom Süden in den Norden rauf.

Mit den Fingerkuppen tippelnde Bewegungen machen.

Stochern zusammen nach Würmern im Gras,
das ist für alle ein schmackhafter Fraß.

Mit den Fingern unregelmäßige punktierte Bewegungen machen.

Manchmal darf es etwas besonders Leckeres sein,
dann picken sie gemeinsam in einen Apfel hinein.

Mit den Fingern auf eine Stelle tippen.

Das Gemeinschaftsgefühl und ihre Intelligenz im Schwarm,
sie sind ein großes Naturschauspiel in ihrer besonderen Flugbahn.
Man sieht niemals nur ein Tier allein –
sie wollen immer zusammen sein.

Mit allen Fingerkuppen über den Rücken tippeln.

Idee: Sabrina Djogo

Sommer

Sommerregen

Massage

Alter: ab 3 Jahren
Dauer: 10 Minuten

Es liegt ein besonderer Geruch in der Luft,
Schnüffelgeräusch machen.
er hüllt alles ein in Sommerregenduft.
Mit den flachen Händen über den Rücken streichen.

Mein Blick wandert zu den Wolken rauf,
sie sind grau und türmen sich auf.
Mit den Fäusten auf die Schulterpartie drücken.

Und, ganz plötzlich, beginnt es zu tropfen,
du spürst, wie sie auf deinen Rücken klopfen.
Mit den Fingerspitzen leicht und vereinzelnd über den Rücken tippen.

Die Tropfen werden immer mehr,
die Wolken sind noch lang nicht leer.
Immer mehr Tropfen mit den Fingerspitzen tippen.

Auf den Regen ist Verlass,
er macht Wald und Wiesen nass.
Den Druck der Fingerspitzen beim Klopfen variieren.

Hörst du den Wind durch die Bäume wehen?
Mit den Fingern in großen schwungvollen Bewegungen leicht über den Rücken wandern.
Komm, wir wollen im Tanze uns drehen.
Mit beiden Händen, jeweils Zeige- und Mittelfinger als Tanzpaar über den Rücken tanzen lassen.

Ach, wer hätte das gedacht,
das Tanzen im Sommerregen hat Spaß gemacht.
Mit allen Fingerkuppen über den Rücken tippen – langsam weniger und zarter tippen.

Idee: Sabrina Djogo

Open-Air-Konzert

Massagegedicht

Alter: ab 4 Jahren
Dauer: 10 Minuten

Das Schöne am Sommer –
es ist auch abends warm,
so können wir mit dem Fahrrad
zum Open-Air-Konzert fahrn.
Mit zwei Fingerknöcheln hin und her über den Rücken fahren.

In einem Park
ist die große Bühne aufgebaut,
hier ist nachher Tanz und Musik –
ganz laut.
Mit den Fingerspitzen am oberen Rücken einen Halbkreis für die Bühne malen.

Jede Familie hat
eine Picknickdecke dabei,
darauf befindet sich
so manche Leckerei.
Am unteren Rücken eine Handfläche ablegen.

Dann ist es endlich soweit,
die Musiker und Sänger
machen sich für ihren Auftritt bereit.
Abwartendes Fingertippen auf dem Rücken.

Wir stehen auf unserer Decke
und warten –
ich mach mich ganz groß.
Und schau, schon geht es los!
Mehrere Finger über die Schulterblätter bewegen.

Eine Gitarre,
Spielbewegung mit den Fingern auf dem Rücken machen.
ein Schlagzeug,
Trommelnde Bewegung machen.
eine Flöte,
Einzelne Finger nacheinander leicht auf den Rücken drücken.
und die Stimme der Sänger
voll Gefühl und Fantasie,
ergeben zusammen eine mitreißende
Melodie.

Wir tanzen, lachen
und singen im Beat,
in meinem Ohr hab ich noch
das eine Lied.
Die Fingerknöchel tanzend bewegen.

Nun packen wir ein, das Konzert ist aus,
das war toll und wir fahren nach Haus.
Mit zwei Fingerknöcheln hin und her über den Rücken fahren.

Idee: Sabrina Djogo

Frischer Salat

Massagegeschichte

Alter: ab 3,5 Jahren
Dauer: 10 Minuten

Wir machen jetzt einen frischen Salat! Was brauchen wir dafür bloß alles?
Mit den Handflächen über den Rücken streichen.

Ein großes Schneidebrett,
Mit den Fingern ein Rechteck auf den Rücken malen.

ein Messer,
Mit der Handseite eine Schneidebewegung machen.

eine Schüssel
Mit beiden Handflächen einen Kreis formen und auf dem Rücken abstellen.

und Salatbesteck.
Beide Handflächen und Unterarme auf den Rücken legen.

Jetzt fehlen uns noch die Zutaten. Was soll auf jeden Fall in unseren Salat hinein?

Ein schöner Eisbergsalat, den halbieren wir mit dem Messer und schneiden ihn in Streifen.
Die Handflächen kurz auf dem Rücken ablegen, dann die Schneidebewegung mit der seitlichen Handfläche machen.

Den Salat füllen wir schon einmal in die Schüssel.
Mit allen Fingern über den Rücken krabbeln.

Eine große Schlangengurke soll auch in unseren Salat, die müssen wir zuerst schälen.
Seitliche Handfläche über den Rücken ziehen.

Anschließend schneiden wir sie in dünne Scheiben.
Enge Schneidebewegungen über den Rücken machen.

Die Gurkenscheiben füllen wir schon einmal in die Schüssel.
Mit allen Fingern über den Rücken krabbeln.

Sollen wir auch noch drei Tomaten schneiden?
Antwort des Kindes abwarten.

JA:
Dreimal die Faust auf unterschiedlichen Stellen am Rücken ablegen.

Dann halbieren wir die Tomate und entfernen den Tomatenstrunk, anschließend schneiden wir die Tomate in grobe Würfel.
Entsprechende Schneidebewegung auf dem Rücken ausführen.

Die Tomatenwürfel füllen wir schon einmal in die Schüssel.
Mit allen Fingern über den Rücken krabbeln.

NEIN:
Nichts machen.

Sehr gut, unser Salat sieht schon richtig lecker aus, jetzt fehlt noch etwas Öl, ein Spritzer Zitronensaft, etwas Salz, etwas Pfeffer und frisch gehackte Kräuter.
Schnelle Handbewegungen mit beiden seitlichen Handflächen machen.

Zu guter Letzt mischen wir alles mit dem Salatbesteck durch.
Alle Fingerspitzen einer Hand kreisförmig auf den Rücken legen und synchron öffnen und schließen.

Guten Appetit!
Handflächen wischend über den Rücken bewegen.

Idee: Sabrina Djogo

Sommerblumenwiese

Alter: ab 4 Jahren
Dauer: 10 Minuten

Massage

Komm, wir spazieren gemeinsam über eine Blumenwiese. Ein süßlich herber Duft liegt in der Luft.
Mit den Handflächen leicht über den Rücken streichen und mit der Nase schnuppern.

So viele Blumen in den unterschiedlichsten Farben blühen hier. Lass uns einen Blick ins Blumenmeer wagen:

Die weißen Gänseblümchen, klein und filigran – bewachsen den Boden in hoher Zahl, da bleibt keine Stelle der Fläche kahl.
Mit den Fingerspitzen zart über den Rücken tippen.

Die gelben Butterblumen schimmern im Sonnenlicht – ihr Duft lockt Bienen und Hummeln an, die auf ihnen pausieren dann.
Mit zwei Fingern auf unterschiedliche Stellen am Rücken drücken.

Der rote Mohn, er leuchtet schon aus weiter Ferne – dieser leuchtend rote Ton, die Blume heißt auch Klatschmohn.
Mit den Handflächen über den Rücken klatschen.

Die blaue Kornblume hat seltsame Blütenblätter – wenn man diese zum Tee braut, entfaltet es erstaunliche Wirkungen, das Kraut.
Alle Fingerspitzen eng zusammen auf dem Rücken auflegen und öffnen, mehrmals wiederholen.

Viele zarte Pusteblumen, kugelrund in Groß und Klein – wenn sie sich beim Pusten biegen, siehst du tausende Schirmchen fliegen.
Über den Rücken oder textilfreie Arme pusten.

Die violetten Ackerveilchen sind Farbtupfer im Schatten – du kannst die Blütenköpfe nicht nur zwischen Büchern pressen, sie sind aromatisch mild und lecker zum Essen.
Kreisende Bewegung mit der Handfläche ausführen.

Die stachelige Distel ist sehr imposant – ihre Blüten erstrahlen in Lila und Pink, sie sind das Zuhause vom Distelfink.
Pikende Bewegung mit den Fingerspitzen machen.

Idee: Sabrina Djogo

Schmetterlinge fliegen

Massagegedicht

Alter: ab 3 Jahren
Dauer: 5 Minuten

Im Sommer fliegen Schmetterlinge oft zu zweit
in ihrem farbenfrohen Flügelkleid.

Mit zwei Fingerkuppen in Schleifen über den Rücken tanzen.

Sie fliegen rauf und runter,

Finger mehrmals über den Rücken rauf und runter bewegen.

sie schweben hin und her,

Finger im Zickzack über den Rücken bewegen.

und manchmal gleiten sie durch die Lüfte kreuz und quer.

Mit den Fingerspitzen willkürlich über den Rücken streichen.

Nach so viel Fliegen suchen sie eine Blüte zum Verbleib,
dort machen sie Rast – auch zu zweit.

Mit den Fingerspitzen langsam an einer Stelle zum Stehen kommen.

Idee: Sabrina Djogo

Waldspaziergang

Massagegeschichte

Alter: ab 4 Jahren
Dauer: 10 Minuten

Heute wollen wir einen Ausflug in den Wald machen, zu dieser Jahreszeit finden wir dort viel Schatten und es ist deutlich kühler als in der Stadt.

Ich bin schon ganz gespannt, was wir im Wald alles entdecken werden! Bist du bereit? Dann gehen wir los.
Laufende Bewegungen mit den Fingern über den Rücken machen.

Nun sind wir im Wald angekommen und haben eine kleine Lichtung gefunden. Hier stellen wir uns im Kreis auf und werden ganz still.

Welche Geräusche kannst du hören?
Was nimmst du wahr?
Laufende Finger immer langsamer werden lassen, bis sie komplett stehen.

Den Wind, wie er durch die Baumkronen weht.
Mit den Fingerspitzen in kreisenden Bewegungen über den Rücken streichen.

Vogelgesang.
Pfeifen, dazu mit den Fingerspitzen tippeln.

Den Geruch von Erde und Nadelbäumen.
Mit den Fingerspitzen schnell über eine Seite des Rückens krabbeln.

Wir atmen tief ein und wieder aus.
Handfläche auf den Rücken legen, dabei ein- und ausatmen.

Wir wollen klettern *(mit den Fingerknöcheln über den Rücken klettern)*, rennen *(mit zwei Fingerspitzen laufende Bewegungen imitieren)* und uns verstecken *(Faust machen und auf dem Rumpf verweilen lassen)*.

Der Tag im Wald war spannend und wunderschön, aber jetzt müssen wir wieder nach Hause gehen.
Mit den Fingerspitzen laufende Bewegungen machen.

Möchtest du den Wald bald noch einmal besuchen?

Tipp
Legen Sie nach „Was nimmst du wahr?“ eine Erzählpause ein. Lassen Sie dem Kind die Möglichkeit, eigene Ideen einzubringen.

Idee: Sabrina Djogo

Wassermelone

Rätsel-Massage

Alter: ab 3,5 Jahren
Dauer: 5 Minuten

Wir suchen etwas Großes, Rundes – und Essbares.
Mit den Fingern einen großen Kreis auf den Rücken malen.

Du kannst sie schneiden in schmackhafte Ecken,
oder als Eis im Hörnchen schlecken.
Schneidebewegung mit der Handseite, dann Streichbewegung mit der flachen Hand über den Rücken machen.

Innen – das verrate ich dir,
hat sie viele kleine braune Kerne, hier – hier – hier und hier.
Mit der Fingerkuppe auf den Rücken tippen.

Das rote Fruchtfleisch riecht süß und ist voll mit Saft,
das gibt uns zum Spielen ganz viel Kraft.
Schnupper- und Schlürfgeräusche machen.

Der letzte Tipp für deine Analyse –
es ist kein Obst, sondern Gemüse.
Leichten Trommelwirbel mit flachen Händen auf dem Rücken machen.

Ich bin mir sicher, du weißt es jetzt genau.
Wir suchen die Wassermelone, du bist wirklich schlau.

Funfact

Auf die Frage, ob es sich bei Melonen um Obst oder Gemüse handelt, würden die meisten sicherlich Obst antworten. Tatsächlich gehört die süße Leckerei botanisch gesehen aber zu den Kürbisgewächsen und ist somit ein Gemüse.

Idee: Sabrina Djogo

Limonade zubereiten

Massagegeschichte

Alter: ab 3 Jahren
Dauer: 5 Minuten

Wir wollen heute Zitronenlimonade machen, dafür brauchen wir zwei bis drei Zitronen.
Zwei- oder dreimal die Faust auf den Rücken legen.

Die Zitronen müssen wir waschen.
Mit ausgestreckten Fingern über den Rücken fahren.

Anschließend rollen wir sie über das Schneidebrett und halbieren sie mit einem scharfen Messer.
Mit dem Handballen über den Rücken „rollen" und eine Schneidebewegung mit der Handfläche machen.

Die Zitronenhälften pressen wir aus und sammeln den austretenden Saft in einer Karaffe.
Alle Finger einer Hand zu einem Kreis auf den Rücken legen und hin- und herdrehen.

Die Karaffe füllen wir mit Wasser *(S-Bewegungen mit den Handflächen über den Rücken machen)* und etwas Zucker auf *(mit den Fingerspitzen über den Rücken tippen)*.

Jetzt müssen wir die Flüssigkeit noch mit einem großen Löffel umrühren.
Mit der Faust kreisende Bewegungen machen.

Fertig ist unsere selbstgemachte Limonade!

Idee: Sabrina Djogo

Barfuß laufen

Fußmassage

Alter: ab 3 Jahren
Dauer: 10 Minuten

Im Sommer ist es so schön warm, dass du ganz oft barfuß gehen kannst.
Wir ziehen also die Hausschuhe und Socken aus!
Erst der rechte Fuß, *(Hausschuh und Socke ausziehen)* dann der linke Fuß *(Hausschuh und Socke ausziehen)*.

Spürst du den Wind auf deinen Fußsohlen?
Fußsohle anpusten.

Jetzt schauen wir uns deine Zehen an, eins, zwei, drei, vier und fünf.
Zehen nacheinander leicht zwischen zwei Fingern drücken.

Kannst du mit den Zehen wackeln, rauf und runter?
Kind mit den Zehen wackeln lassen.

Und fühlst du das Kitzeln hoch bis zur Hacke?
Mit den Fingern den Fuß hochstreichen.

Dein Knöchel macht deinen Fuß beweglich, du kannst ihn hoch und runter oder im Kreis bewegen.
Kind bei der Bewegung unterstützen.

Aber nun ziehen wir erst die Socken und dann die Schuhe wieder an.
Socken und Schuhe anziehen.

Jetzt kannst du wieder im Gruppenraum aktiv sein.

Tipp
Setzen Sie im letzten Abschnitt den Ort ein, an dem Sie sich gerade mit dem Kind befinden.

Idee: Sabrina Djogo

Sonnenfrühstück

Massagegedicht

Alter: ab 3 Jahren
Dauer: 5 Minuten

Kennst du dieses wundervolle Licht,
was durch die Baumkronen auf die Picknickdecke bricht?
Mit beiden Händen über den Rücken streichen.

Es lädt uns zum Staunen und Träumen ein.
Wie kann man da nicht glücklich sein?

Insekten fliegen und Vögel singen,
hier kann ich den ganzen Tag verbringen.
Mit zwei Fingern über den Rücken streichen.

Frisches Obst, Gemüse, belegte Brote und Kekse habe ich dabei,
ein leckeres Picknick mit Allerlei.
Bei jedem Lebensmittel die flache Hand auf den Rücken legen.

Ich genieße die Ruhe und lausche der Natur,
das ist für mich Erholung pur.
Mit flachen Händen den Rücken abklopfen.

Ein Frühstück im Freien ist wunderbar,
so viel zu sehen – was krabbelt denn da?

Ein Hirschkäfer wandert gemächlich die Decke entlang,
und schaut, ob er was zu essen finden kann.
Mit dem Daumen über den Rücken gleiten.

Nun wird es Zeit nach Haus zu gehen,
wir werden uns bald wiedersehen.
Mit der Handfläche zum Abschied über den Rücken winken.

Idee: Sabrina Djogo

Lagerfeuer mit Stockbrot

Massagegeschichte

Alter: ab 5,5 Jahren
Dauer: 10 Minuten

Wir bereiten das Lagerfeuer vor, dafür legen wir mehrere Holzscheite in Pyramidenform bereit.
Mit der flachen Hand in unterschiedlichen Winkeln auf den Rücken drücken.

Als nächstes brauchen wir Zunder, um die Holzkonstruktion anzuzünden. Dafür zünde ich ein Streichholz an und bringe den Zunder zum Brennen.
Schnelle Bewegung mit dem Finger über den Rücken machen.

Die Glut pusten wir an, sodass das Feuer wachsen kann.
Pusten

Den Brotteig rollen wir zu einer langen Wurst *(mit beiden Handballen synchron über den Rücken rollen)* und wickeln ihn vorsichtig um unseren Stock.

Den Stock halten wir gut fest und nicht direkt ins Feuer hinein, schließlich soll das Brot nachher duftend gebacken sein.
Seitenfläche der Hand auf dem Rücken ablegen.

Nach einigen Minuten wird der Teig knusprig braun und riecht wunderbar. Jetzt können wir gemeinsam naschen am Lagerfeuer.
Mit den Fingerspitzen eine greifende Bewegung über den Rücken machen.

Wir sitzen zusammen, jemand spielt Gitarre *(Gitarre mit den Fingern auf dem Rücken spielen)* und wir singen viele Lieder.

Doch auch ein Abend am Lagerfeuer findet ein Ende, die Glut wird mit Sand *(alle Fingerkuppen tippeln über den Rücken)* und Wasser *(mit allen Fingerkuppen S-Bewegungen über den Rücken machen)* gelöscht.

Du kannst im Traum noch weitersingen und dich erinnern wie Gitarrenseiten klingen.
Mit einer Hand Gitarre auf dem Rücken spielen und immer langsamer und zarter werden.

Idee: Sabrina Djogo

Tretboot fahren

Massagegedicht

Alter: ab 3 Jahren
Dauer: 5 Minuten

Ohje, Ohje,
wir fahren Tretboot auf dem See.
Mit den Handflächen auf den Rücken klopfen.

Alle tragen Badesachen und sind bereit,
zum Tretboot fahren haben wir Zeit.
Faust auf den Rücken legen.

Jeder sitzt am richtigen Platz,
wir treten gleichzeitig los – das Tretboot macht einen Satz.
Faust ruckartig ein Stück nach vorne bewegen,
dann langsam weiter über den Rücken fahren.

Wir fahren mal hin, wir fahren mal her –
Tretboot fahren fällt uns nicht schwer.
Faust auf dem Rücken hin- und herbewegen.

Jetzt fahren wir einen großen Kreis,
hinter uns glitzert das spritzende Wasser weiß.
Große Kreisbewegung mit der Faust machen.

Jetzt fahren wir in Zeitlupe – ach du Schreck,
mit unserm Tretboot ein großes Viereck.
Mit der Faust in Zeitlupe ein Viereck zeichnen.

Und jetzt kommt die große Wende,
wir fahren noch ein kleines Dreieck – dann ist der Ausflug zu Ende.
Mit der Faust in die entgegengesetzte Richtung ein Dreieck zeichnen.

Idee: Sabrina Djogo

Rasensprenger-Regen

Massage

Alter: ab 3,5 Jahren
Dauer: 5 Minuten

Kennst du schon die Regenmaschine? Machst du sie an,
siehst du wie sich der Regen verteilen kann.
Mit den Fingerspitzen über den Rücken kitzeln.

Drehst du das Wasser ganz feste auf,
spritzt der Regen noch weiter hinaus.
Mit den Fingerspitzen über den Rücken und die Beine kitzeln.

Drehst du das Wasser dann fast ganz zu,
fliegen nur Tröpfchen, die spürst nur du.
Ganz leicht mit den Fingerkuppen im Schulter- und Halsbereich tippen.

Kippst du den Hebel an der Seite um,
bewegt sich der Regenschauer mit Schwung.
Mit den Fingerkuppen von der Fußsohle bis zum Kopf und wieder zurück tippen.

Am Ende machen wir den Rasensprenger aus,
holen ein Handtuch und gehen nach Haus.
Mit den Handflächen von Kopf bis Fuß trockenrubbeln.

Idee: Sabrina Djogo

Wasserbomben-schlacht

Massage

Alter: ab 3 Jahren
Dauer: 5 Minuten

Wasserbomben – was für ein Spaß! Rote, gelbe, blaue, grüne und orangefarbene Wasserbomben liegen bereit.
Bei jeder Farbe mit rund aufgestellten Fingern auf den Rücken tippen.

Zuerst werfe ich die rote Wasserbombe hoch in die Luft.
Mit der seitlichen Handfläche über den Rücken streichen und die Finger dabei schließen.

Oh, wo wird sie landen? Ich muss jetzt schon lachen, sie wird auf deine Schultern krachen.
Beim „Aufprall" alle Fingerspitzen einer Hand eng zusammen auf die Schulter drücken und explosionsartig öffnen und nach außen streichen.

Als Zweites werfe ich die gelbe Wasserbombe hoch in die Luft.
Mit der seitlichen Handfläche über den Rücken streichen und die Finger dabei schließen.

Oh, wo wird sie landen? Ich muss jetzt schon lachen, sie wird auf deinen Oberschenkel krachen.
Beim „Aufprall" alle Fingerspitzen einer Hand eng zusammen auf den Oberschenkel drücken und explosionsartig öffnen und nach außen streichen.

Als Drittes werfe ich die blaue Wasserbombe hoch in die Luft.
Mit der seitlichen Handfläche über den Rücken streichen und die Finger dabei schließen.

Oh, wo wird sie landen? Ich muss jetzt schon lachen, sie wird auf deinen Unterarm krachen.

Beim „Aufprall" alle Fingerspitzen einer Hand eng zusammen auf den Unterarm drücken und explosionsartig öffnen und nach außen streichen.

Als Viertes werfe ich die grüne Wasserbombe hoch in die Luft.

Mit der seitlichen Handfläche über den Rücken streichen und die Finger dabei schließen.

Oh, wo wird sie landen? Ich muss jetzt schon lachen, sie wird auf deine Wade krachen.

Beim „Aufprall" alle Fingerspitzen einer Hand eng zusammen auf die Wade drücken und explosionsartig öffnen und nach außen streichen.

Als Letztes werfe ich die orangene Wasserbombe hoch in die Luft.

Mit der seitlichen Handfläche über den Rücken streichen und die Finger dabei schließen.

Oh, wo wird sie landen? Ich muss jetzt schon lachen, sie wird auf deine Fußsohle krachen.

Beim „Aufprall" alle Fingerspitzen einer Hand eng zusammen auf die Fußsohle drücken und explosionsartig öffnen und nach außen streichen.

Tipp

Klären Sie im Vorfeld mit dem Kind, wie viele Wasserbomben geworfen werden und wo sie landen. So kann sich das Kind darauf einstellen und gegebenenfalls sagen, ob es etwas nicht möchte.

Idee: Sabrina Djogo

Wolken beobachten

Massage

Alter: ab 5 Jahren
Dauer: 5 Minuten

Material
Bildkarten der verschiedenen Wolken

Am Himmel kannst du viele verschiedene Wolken sehen,
ihre Unterschiede wollen wir uns jetzt genauer ansehen.

Hohe Wolken – Cirrus
Weit, weit oben gibt es Wolken aus Eis,
ganz zart und federartig in strahlendem Weiß.
Eine Feder auf den Rücken malen.

Mittelhohe Wolken – Altostratus
Wenn der Himmel grau ist und du die Sonne vermisst,
sind die Tage dunkel und trist.
Mit den Handflächen über den gesamten Rücken streichen.

Tiefe Wolken – Stratus
Auch oben im Himmel kannst du Nebel sehen,
bei gutem Wetter kann er fast bis zum Boden gehen.
Mit beiden Handballen versetzt über den ganzen Rücken drücken.

Wolken – Cumulus
Wenn sich Wolken zu großen Haufen zusammenwehen,
kannst du in ihnen die schönsten Dinge sehen:
Die flachen Hände immer wieder auf eine Stelle legen.

Einen Hasen, ein Auto, ein Eis oder einen Dino.
Umrisse des Tiers oder Objekts auf den Rücken zeichnen.

Und so geht's:
Erstellen Sie Bildkarten der unterschiedlichen Wolken und besprechen Sie sie mit dem Kind. Legen Sie die Bildkarten vor das Kind, während Sie die Massage durchführen. Vielleicht kann es nach einer Weile anhand der Handausführung die jeweilige Wolkenart bestimmen.

Idee: Sabrina Djogo

Im Eiscafé

Massage

Alter: ab 3 Jahren
Dauer: 5 Minuten

Hallo, ich möchte ein Eis mit sechs Kugeln!

Wie bitte, mit sechs Kugeln? Sehr gern!

Im Hörnchen oder Becher?
Antwort des Kindes abwarten und das Passende mit den Fingern auf den Rücken malen.

Welche Sorten dürfen es denn sein?
Kind Sorten nennen lassen oder Vorschläge machen.

Zweimal Schokolade.
Mit der Handkante über den Rücken streichen (Eislöffel) und anschließend beide Fäuste auf den vorher gemalten Becher legen.

Außerdem?

Zweimal Erdbeere.
Mit der Handkante über den Rücken streichen und anschließend beide Fäuste auf den vorher gemalten Becher legen.

Außerdem?

Zweimal Stracciatella.
Mit der Handkante über den Rücken streichen und anschließend beide Fäuste auf den vorher gemalten Becher legen.

Möchtest du auch Streusel haben?

Ja!
Mit den Fingerspitzen über den Rücken krabbeln.

Nein!
Nichts machen.

Guten Appetit, auf Wiedersehen!

Danke, auf Wiedersehen!

Idee: Sabrina Djogo

Herbst

Bunte Blätter fallen

Rückenmassage

Alter: ab 3 Jahren
Dauer: 10 Minuten

Heute ist ein schöner Tag. Die Sonne scheint.
Große Sonne auf den Rücken malen.

Es ist weder zu warm noch zu kalt. So kann der Herbst bleiben.
Sanft mehrmals von oben nach unten über den Rücken streichen.

Tim geht mit seiner Oma in den Wald.
Zwei Strichmännchen auf den Rücken malen.

Dort gibt es viele Bäume.
Zwei bis drei Bäume auf den Rücken zeichnen.

Tim staunt. Die Blätter sehen ja ganz anders aus als im Sommer. Sie sind bunt.
Blatt auf den Rücken malen.

„Im Herbst werfen die Bäume die Blätter ab", erklärt Oma.
Und schau da. Als hätte die alte Eiche Oma verstanden, lässt sie ein buntes Blatt heruntersegeln.
Hand sanft auf den Nacken legen und mit den Fingerspitzen über den Rücken tanzen.

Tim lacht. Das sieht lustig aus. Er bückt sich nach dem bunten Blatt. Doch in diesem Augenblick kommt eine Windböe und trägt den Schatz hinfort.
Sanft über den Rücken pusten.

Tim läuft hinterher.
Mit Zeige- und Mittelfinger über den Rücken spazieren.

Er will das Blatt greifen.
Finger greifen mehrmals sanft nach dem Rücken.

Doch das Blatt ist schneller als Tim. Tim ist traurig. Er hätte so gerne ein schönes buntes Blatt.
Die alte Eiche schaut auf Tim herunter. Sie will nicht, dass der Junge traurig ist. Sie gibt sich einen Ruck und lässt mit einem Mal ganz viele bunte Blätter heruntersegeln.
Fingerspitzen aufsetzen, dann Finger langsam auf dem Rücken spreizen.

Nun hat Tim ganz viele Blätter zur Auswahl. Er sucht sich das schönste Blatt aus und trägt es stolz nach Hause.
Großes Herz malen.

Dort wird er gut auf seinen Schatz aufpassen.
Rücken sanft umarmen.

Idee: Aline Kurt

Der alte Apfelbaum

Fingerakupressurgeschichte

Alter: ab 3 Jahren
Dauer: 5 Minuten

Es war einmal ein Apfelbaum. Er war unglaublich alt. Jedes Jahr trug der alte Apfelbaum genau fünf Äpfel.
Finger nacheinander einzeln umschließen und sanft drücken.

Das waren nicht einfach irgendwelche Äpfel, sondern ganz besondere Äpfel. Jeder von ihnen hatte eine ganz besondere Gabe.
Ganze Hand umschließen, sanft drücken, mit dem Daumen massieren.

In diesem Jahr fiel ein kleiner, dicker Apfel zuerst. Er war der wagemutigste Apfel von allen.
Daumen umschließen und sanft drücken.

Danach fiel der zweite Apfel. Während er auf den Boden plumpste, rief er laut: „Schaut alle her. Ich kann fliegen.“
Er war nämlich der lustigste Apfel von allen.
Zeigefinger umschließen und sanft drücken.

Jetzt war der dritte Apfel an der Reihe. „Juhu“, jauchzte er glücklich, während er auf den Boden plumpste. Seine Gabe war nämlich die Freude.
Mittelfinger umschließen und sanft drücken.

Auch der vierte Apfel trennte sich vom Baum. Doch das fiel ihm gar nicht so leicht. Schließlich wollte er den fünften Apfel ungern allein lassen.

Dieser war nämlich noch klein. Der vierte Apfel sorgte sich sehr, dass sich der kleine Apfel einsam fühlen könnte.
Seine besondere Gabe war nämlich das Mitgefühl. Er konnte sich immer in die anderen hineinversetzen und sich vorstellen, wie es ihnen geht.
Ringfinger umschließen und sanft drücken.

Zum Schluss fiel der kleinste Apfel. Er war der tapferste von allen.
Kleinen Finger umschließen und sanft drücken.

Als der letzte Apfel am Boden angekommen war, sah der Apfelbaum stolz hinab.
„Ich habe wieder wundervolle Früchte getragen“, dachte er zufrieden.
Finger zu einer Faust ballen und sanft mit der anderen Hand umschließen.

Idee: Aline Kurt

Der kleine Igel baut ein Haus

Rückenmassagegeschichte

Alter: ab 3 Jahren
Dauer: 5 Minuten

Die letzten warmen Herbsttage locken Ignatius den Igel hervor. Der kleine Igel muss sich etwas sputen, denn bald schon kommt der Winter. Dafür braucht Ignatius ein gemütliches Haus.
Hände streichen sanft über den Rücken.

Ignatius sammelt bunte Blätter. Davon braucht er eine große Menge, schließlich möchte der kleine Igel ein großes Haus bauen.
Fingerspitzen zupfen sanft am Rücken.

Der kleine Igel trägt die Blätter alle in die Ecke des großen Gartens.
Von links unten bis zur rechten Schulter mit Zeige- und Mittelfinger über den Rücken laufen, dabei sanft drücken. Wirbelsäule aussparen.

Du glaubst gar nicht, wie viele Blätter Ignatius für sein Haus benötigt. Er läuft unzählige Male hin und her.
Von der rechten Schulter mit Zeige- und Mittelfinger zur linken Lendenwirbelsäule laufen, dabei sanft drücken. Anschließend von der rechten Lendenwirbelsäule zur linken Schulter laufen. Wirbelsäule aussparen.

Nach einer ganzen Weile hat der kleine Igel eine große Menge Herbstlaub zusammengetragen. Jetzt muss Ignatius daraus nur noch ein schönes Haus formen.
Der kleine Igel schiebt die Blätter mit seinen Pfötchen zusammen.
Handflächen schieben sanft von unten nach oben über den Rücken.

Er drückt alles gut fest.
Handflächen am unteren Rücken ansetzen, kurz drücken, auf diese Weise bis zu den Schulterblättern hocharbeiten.

Zum Schluss springt Ignatius noch auf den Blättern auf und ab. So fliegt auch beim Sturm nichts weg.
Fingerspitzen aufsetzen, damit über den Rücken springen.

Jetzt kann die kalte Jahreszeit kommen!
Rücken sanft mit den Händen abstreichen.

Idee: Aline Kurt

Das gelbe Blatt macht eine Reise

Herbstlaubmassage

Material
buntes Herbstlaub

Alter: ab 3 Jahren
Dauer: 5 Minuten

„Ich will die Welt erkunden", ruft das gelbe Blatt und macht sich auf die Reise.
Sanft mit einem getrockneten Blatt über den Kopf streichen.

Plötzlich kommt eine Windböe. Sie trägt das Blatt sanft mit sich fort.
Blatt vom Kopf über den Rücken ziehen.

„Ui, hier gibt es aber viel zu sehen", staunt das kleine Blatt, während es sanft durch die Luft gewirbelt wird.
Blatt am Kopf sanft hin- und herdrehen.

Nach einer ganzen Weile landet das gelbe Blatt auf dem Ohr eines kleinen Rehs.
Blatt über das rechte Ohr streichen.

Doch das Reh ist davon nicht begeistert. Es wischt das gelbe Blatt einfach fort.
Blatt vom rechten Ohr über den Hinterkopf zum linken Ohr ziehen.

Da begibt sich das Blatt mit der nächsten Windböe einfach wieder auf die Reise. Sie trägt das gelbe Blatt mitten auf die Nase eines kleinen Hasen.
Kind mit dem Blatt an der Nase kitzeln.

„Hey, was soll denn das?", lacht der kleine Hase und pustet das Blatt einfach fort.
Kind pusten lassen, das Blatt anschließend über das Gesicht auf den Kopf ziehen.

Da beginnt für das gelbe Blatt die nächste Reise. Es wirbelt in der Luft herum.
Blatt am Kopf sanft hin- und herdrehen.

Da landet es auf dem Rücken eines kleinen Wildschweins.
Blatt auf dem Rücken „aufsitzen lassen".

„Oh, wie ist das schön", freut sich das kleine Wildschwein, während das Blatt auf und ab tanzt.
Blatt über den ganzen Rücken tanzen lassen.

„Du bist mein bester Freund", erklärt das Wildschwein, während es die wohlige Massage genießt. Das gelbe Blatt freut sich sehr. Endlich hat es einen Platz gefunden, an dem es sich gut aufgehoben fühlt.

Idee: Aline Kurt

Kranich Karl

Schwamm-Massage

Alter: ab 3 Jahren
Dauer: 10 Minuten

Material
2 Schwämme

Jedes Jahr im Herbst begibt sich Kranich Karl auf eine lange Reise. Gemeinsam mit vielen anderen Kranichen fliegt er in den warmen Süden, bevor hier bei uns der Winter einkehrt. Auch in diesem Jahr macht sich Karl an einem schönen, warmen Herbsttag auf den Weg.
Nachdem er bereits viele, viele Stunden in der Luft verbracht hat, beschließt Karl, dass es Zeit für eine Pause ist. Unter sich entdeckt er einen kleinen See. Dort ist ein guter Platz, um auszuruhen:

Karl landet mitten auf dem kühlen Wasser. Hier kann er sich endlich mal ordentlich waschen!
Dem Kind einen trockenen Schwamm geben.

Zuerst wäscht Karl seinen Kopf.
Schwamm sanft über den Kopf streichen.

Das Gesicht und die Nase dürfen natürlich nicht fehlen.
Schwamm über die Nase und das Gesicht wischen.

Jetzt ist der Hals an der Reihe. Puh, da ist aber viel Dreck!
Über den Hals streichen.

Auch an der Brust und am Bauch hat sich ziemlich viel Schmutz angesammelt. Der muss natürlich weg.
Schwamm über die Brust, dann über den Bauch streichen.

Nun sind die Flügel dran. Erst der linke, dann der rechte.
Über den linken, dann über den rechten Arm streichen.

„Karl, denk an deine Flügelspitzen!“, ermahnt ihn Opa Konstantin, der an dem See auch eine Pause macht. Er ist zwar ein sehr, sehr alter Kranich, aber ihm entgeht einfach nichts.
Mit dem Schwamm beide Hände und die einzelnen Finger waschen.

Auch die Beine muss Karl natürlich ordentlich waschen. Er fängt mit dem linken Bein an.
Schwamm auf dem linken Bein auf und ab bewegen.

Beim rechten Bein ist es schon ein bisschen schwieriger, denn Karl steht auf dem linken Bein.
Rechtes Bein mit dem Schwamm waschen.

Fast wäre er umgefallen.
Linkes Bein mit dem Schwamm kurz antippen.

Da muss Karl beim Füße waschen ein bisschen besser aufpassen. Erst wäscht er den linken Fuß.
Linken Fuß mit dem Schwamm sanft abstreichen.

„Ui, das kitzelt aber an den Zehen.“
Zehen waschen.

Dann ist der rechte Fuß an der Reihe.
Sanft über den rechten Fuß streichen.

Auch hier dürfen die Zehen natürlich nicht fehlen. Karl wäscht sie besonders gründlich.
Jeden Zeh einzeln abstreichen.

Da fehlt doch was. Weißt du, was das ist?
Richtig! Karl muss noch seinen Rücken waschen. Da kommt er aber selbst gar nicht ran, oder? Probiere es einfach mal aus.
Das Kind darf selbst versuchen, seinen Rücken mit dem Schwamm zu erreichen.

Gut, dass Opa Konstantin da ist.
Er eilt Karl zur Hilfe.
Rücken sanft von oben nach unten abstreichen.

Geschafft! Jetzt kann es sich Karl endlich in der Sonne gemütlich machen und in Ruhe trocknen.

Tipp
Das Kind kann seinen Schwamm nutzen, um die Bewegungen nachzuahmen.

Idee: Aline Kurt

Alter Bär, wach auf!

Massagegeschichte

Alter: ab 3 Jahren
Dauer: 5 Minuten

Material

- 1 Tennisball
- 1 Tischtennisball

Fröhlich tippelt Mips, die Maus, durch den bunten Herbstwald.

Tischtennisball über den Rücken fahren.

„Was für ein schöner Tag", denkt Mips, während sie eifrig hin- und herflitzt und zwischendurch eine kleine Tanzeinlage einbaut.

Tischtennisball auf den Rücken aufsetzen und ihn punktuell tanzen lassen.

Während Mips emsig einen kleinen Laubhaufen nach Essbarem durchstöbert, hört sie plötzlich ein lautes Schnarchen.

Tischtennisball unterhalb des linken Schulterblattes ansetzen und dort mit sanftem Druck hin- und herrollen. Dabei laute Schnarch-Geräusche machen.

„Was ist denn das?", fragt sich Mips. Das muss die kleine Maus nun ganz genau wissen. Schließlich ist sie sehr neugierig. Also macht sie sich auf die Suche.

Tischtennisball vom linken Schulterblatt bis zur Lendenwirbelsäule schieben.

Aufgeregt läuft Mips herum. Dabei hat sie ihre Ohren gespitzt.

Tischtennisball von der rechten Lendenwirbelsäule bis zum Schulterblatt schieben.

Doch das Geräusch ist plötzlich verstummt. Mips zuckt mit den Schultern. „Dann halt nicht", denkt die kleine Maus und sucht die Umgebung weiter nach Leckereien ab.

Tischtennisball unterhalb des rechten Schulterblattes mit sanftem Druck hin- und herrollen.

Mips ist so vertieft, dass sie den großen Berg vor ihrer Nase gar nicht bemerkt.
Tennisball hinzunehmen und unterhalb des Tischtennisballs ansetzen.

Prompt stolpert sie dagegen.
Tischtennisball gegen den Tennisball rollen.

„So ein Mist", schimpft Mips und hüpft vor lauter Wut über das Missgeschick auf und ab.
Tischtennisball auf und ab hüpfen lassen.

Plötzlich beginnt der Berg laut zu schnarchen.
Tennisball punktuell sanft hin- und herschieben.

Da ist es wieder: das laute Geräusch. Jetzt weiß Mips endlich, wo es herkommt. Neugierig läuft die kleine Maus um den Berg herum
Tischtennisball um den Tennisball kreisen lassen.

Dabei versucht sie, das Ungetüm wegzuschieben.
Tennisball mit sanftem Druck großflächig kreisen lassen.

Doch Mips hat keine Chance. Der Berg ist viel zu schwer. Da hat die kleine Maus eine andere Idee. Kurzerhand klettert sie auf den Berg und hüpft darauf auf und ab.
Kleine sanfte Kreise mit dem Tennisball ausführen.

Da beginnt sich der Berg zu bewegen. Er wackelt so stark, dass Mips herunterfällt.
Tischtennisball bis zur Lendenwirbelsäule schieben.

„Hey, was soll denn das?", will der Berg wissen. „Ich war so schön eingeschlafen. Warum weckst du mich denn auf?"
Als sich der Berg langsam aufrichtet, erkennt Mips ihn.
Tennisball vorsichtig bis zum unteren Rücken rollen.

„Bruno. Du bist das!", lacht Mips. „Aber warum schläfst du denn schon? Es ist doch noch viel zu früh für deinen Winterschlaf!"
Tischtennisball am linken unteren Rücken aufsetzen und sanft kreisen lassen.

„Ich war aber so müde. Da dachte ich, wir hätten schon Winter", erklärt Bruno, der alte Bär.
Tennisball am linken unteren Rücken aufsetzen und sanft kreisen lassen.

Die kleine Maus schüttelt den Kopf. „Nein, Bruno. Es ist noch Herbst. Komm mit, ich zeig dir, wo du leckeres Essen findest", erklärt Mips.
Tischtennisball bis zur linken Schulter schieben.

Das lässt sich der alte Bär nicht zweimal sagen. Schließlich hat er einen Bärenhunger!
Tennisball bis zur linken Schulter schieben und dort großflächig kreisen lassen.

Idee: Aline Kurt

Elvis hat viel zu tun

Handmassage

Alter: ab 3 Jahren
Dauer: 5 Minuten

Material
1 Walnuss

Elvis, das kleine Eichhörnchen, hat viel zu tun. Wie jedes Jahr im Herbst muss es sich auf den Winter vorbereiten. Dazu springt es von Baum zu Baum.
Zeige- und Mittelfinger von der linken in die rechte Handfläche hüpfen lassen.

Auf den alten Nussbäumen sammelt das kleine Eichhörnchen Nüsse ein.
Walnuss in die Handfläche legen und damit sanft die Handinnenfläche abrollen.

Sobald Elvis eine Nuss gepflückt hat, klettert er vom großen Nussbaum runter.
Nuss bis zum Handgelenk rollen.

Mit einem großen Satz springt das kleine Eichhörnchen in die weiche Wiese.
Nuss in die rechte Handfläche gleiten lassen.

Dort blickt sich Elvis um. Er sucht ein gutes Versteck.
Nuss mit leichtem Druck über jeden Finger rollen.

Sobald er ein geeignetes Versteck gefunden hat, scharrt und gräbt er eine Weile.
Mit dem Daumen großflächig die Handinnenfläche massieren.

Anschließend lässt er die Nuss hineinplumpsen.
Nuss in die Handfläche gleiten lassen und diese damit massieren.

Jetzt muss er sie nur noch vergraben! Und fertig.
Nuss auf die Hand legen und die Finger zur Faust schließen.

Idee: Aline Kurt

Auch Gespenster erschrecken sich

Massagegeschichte

Alter: ab 3 Jahren
Dauer: 5 Minuten

Material
Watte

Jedes Jahr an Halloween feiern die Gespenster eine Party. Dabei tanzen alle ausgelassen und haben jede Menge Spaß.
Mit einer Handvoll Watte über das Gesicht streichen, dann mit den Fingern auf dem Kopf tanzen.

Dieses Jahr darf Gisela zum ersten Mal mitfeiern. Das kleine Gespenst ist schon ganz aufgeregt.
Mit kleinem Wattebausch über den Nacken streichen.

Um Mitternacht ist es endlich so weit: Gisela macht sich auf den Weg zu ihrer ersten Gespensterparty.
Mit Zeige- und Mittelfinger vom Nacken bis zur Stirn laufen.

Als sie im Gruselschloss ankommt, drückt Gisela die Klingel neben der riesigen Eingangstür.
Kopf mit beiden Händen umfassen und sanft drücken.

Doch niemand öffnet.
„Hach, was soll's. Ich bin ja ein Gespenst", erinnert sich Gisela und schwebt einfach durch die geschlossene Tür hindurch.
Mit der Handfläche vom Hinterkopf bis zur Stirn streichen.

Im Inneren des alten Gruselschloss' ist alles dunkel.
Augen kurz mit den Handflächen verdecken.

Plötzlich tippt jemand dem kleinen Gespenst auf die Schulter.
Auf die Schulter tippen.

„Uaaaa", schreit Gisela.
Rücken sanft schütteln.

„Gisela, du bist doch selbst ein Gespenst, wie kannst du denn da Angst haben?", lacht Kasimir, das alte Schlossgespenst. Er muss sogar so sehr lachen, dass sein ganzer Körper wackelt.
Rücken sanft abklopfen.

Auch Gisela muss lachen, denn schließlich können sich Gespenster nicht nur erschrecken, sondern haben auch einen feinen Sinn für Humor.
Von oben mehrmals über den Rücken streichen.

Idee: Aline Kurt

Sankt Martin

Rückenmassage

Alter: ab 3 Jahren
Dauer: 10 Minuten

Heute ist im Waldkindergarten einiges los. Die Tierkinder wollen nämlich Laternen basteln. Da sind alle mächtig aufgeregt.
Mit Fingerspitzen auf dem gesamten Rücken hin- und herlaufen.

Damit es losgehen kann, muss sich jedes Tierkind einen Platz suchen. Erst wenn alle ganz ruhig geworden sind, kann der Bastelspaß beginnen.
Beide Handflächen von oben nach unten über den Rücken streichen.

Reni Reh bastelt einen Stern.
Stern auf den Rücken malen.

Walter Wildschwein bastelt einen Mond.
Halbmond auf den Rücken zeichnen.

Manfred Maus möchte lieber eine Sonne basteln.
Sonne auf den Rücken malen.

Fred Fuchs entscheidet sich für ein Haus.
Haus auf den Rücken malen.

Dagmar Dachs findet eine Baumlaterne schön.
Baum auf den Rücken malen.

Die Laterne von Harry Hase sieht aus wie eine Blume.
Blume auf den Rücken malen.

Bruno Bär bastelt eine Marienkäfer-Laterne.
Marienkäfer auf den Rücken malen.

Wibke Wolf möchte eine Auto-Laterne basteln.
Auto auf den Rücken malen.

Nachdem die Laternen fertig sind, betrachten die Tierkinder stolz ihr Werk. Jede Laterne ist ein wahres Kunstwerk!
Herz auf den Rücken malen.

Und wie sie leuchten: Das ist eine Wonne!
Rücken sanft streicheln.

„Kommt, lasst uns den Menschen unsere Laternen zeigen. Dann dürfen wir bestimmt beim Sankt-Martins-Umzug mitmachen“, erklärt Wibke Wolf und schnappt sich ihre Auto-Laterne.
Auto auf den Rücken zeichnen.

Doch Bruno Bär hält das für keine gute Idee: „Um Himmels Willen. Da dürfen wir nicht hin. Die Menschen haben doch schon genug Angst vor uns. Was glaubst du, was sie denken, wenn wir auf ihrem Umzug auftauchen?"
Rücken sanft schütteln.

„Ich will aber auch einen Sankt-Martins-Umzug haben", meckert die kleine Wolfsdame und stampft wütend mit dem Fuß auf.
Mit Zeige- und Mittelfinger den Rücken antippen.

„Und ich will eine Brezel", ruft da Manfred Maus.
Brezel auf den Rücken zeichnen.

Auch Fred Fuchs ist von Wibkes Idee begeistert: „Ja, ich will ein echtes Feuer sehen."
Handflächen aneinander reiben, bis sie warm sind, dann auf den Rücken legen.

„Kinder, Kinder. Bruno hat recht. Wir jagen den Menschen bloß einen gehörigen Schrecken ein. Lasst uns doch einfach unseren eigenen Laternen-Umzug machen", schlägt da die Erzieherin Elke Eule vor.
Alle Tierkinder sind von der Idee begeistert.
Mit Fingerspitzen auf dem gesamten Rücken auf und ab hüpfen.

Jeder schnappt sich seine Laterne.
Stern, Mond, Sonne, Haus, Baum, Blume, Marienkäfer und Auto malen.

Und schon geht es los.
Mit Zeige- und Mittelfinger über den Rücken laufen.

Die Tierkinder laufen mit ihren Laternen durch den ganzen Wald.
Baum auf den Rücken malen.

Das macht allen ganz viel Spaß.
Herz auf den Rücken malen.

Zum Abschluss macht Elke Eule noch ein großes Feuer.
Handflächen aneinander reiben, bis sie warm sind, dann auf den Rücken legen.

Und jedes Tierkind bekommt natürlich eine Brezel.
Brezel auf den Rücken zeichnen.

Idee: Aline Kurt

Im Land der Wichtel

Seelenmassage

Alter: ab 3 Jahren
Dauer: 5 Minuten

Material

- 1 Turnmatte
- 1 Kissen
- 2 Decken für jedes Kind

Schließe deine Augen. Atme mehrmals sanft ein und aus. Spüre, wie sich dein Bauch beim Einatmen hebt und beim Ausatmen wieder senkt.

Vor deinem inneren Auge taucht jetzt eine wunderschöne Wiese auf. Sie führt dich direkt in einen kleinen Wald.

Schau dich hier in aller Ruhe um. Kannst du das frisch gefallene Laub riechen?

Spürst du das Knistern der trockenen Blätter unter deinen Füßen? Fühlt sich das nicht toll an?
Wenn du magst, kannst du eines der Blätter aufheben und es in Ruhe anschauen. Das Blatt ist in einer deiner Lieblingsfarben.

Nimm dein Blatt mit, während du zu einem großen Baum gehst. Daran befindet sich ein roter Knopf. Drücke darauf.

Kaum hast du auf den Knopf gedrückt, steht da ein kleiner Wichtel vor dir. Es ist ein lieber Kerl mit roter Zipfelmütze, grüner Hose und blauem Hemd.

Er gehört zu den Zauberwichteln, die jedes Jahr im Herbst zu sehen sind. Allerdings können nicht alle Menschen diese Wichtel sehen. Nur besondere Menschen haben die Gabe und du gehörst dazu.

Schau, wie dich der kleine Wichtel anlächelt. Er freut sich so sehr, dich zu sehen. Vor lauter Freude über eure Begegnung tanzt er auf und ab.

„Schön, dass du hier bist", sagt der kleine Wichtel.
„Ich möchte ein Geheimnis mit dir teilen. Manchmal vergesst ihr Menschen nämlich, wie wertvoll ihr seid. Die Erwachsenen erwarten ganz viel von kleinen Menschen wie dir. Das liegt daran, dass die großen Menschen vergessen haben, wie Leben geht. Leben ist etwas Kostbares. Ja, es ist ein Geschenk.

Du, kleiner Mensch, bist wertvoll.

Du bist schön.

Du bist einzigartig.

Du hast Fantasie.

Du bist mutig.

Du bist tapfer.

Du weißt, wie andere sich fühlen.

Du kannst gut zuhören.

Du gibst immer dein Bestes.

Du gibst nie auf.

Du bist bereit, immer etwas Neues zu lernen.

Du bist immer gut genug.

Auch, wenn du mal einen Fehler machst, ist das nicht schlimm. Vergiss nie: Fehler sind zum Lernen da.

Du kannst dir und dem Leben immer vertrauen. Für dich wird stets gut gesorgt, denn das Leben liebt dich genauso, wie du bist."

Lass die lieben Worte des kleinen Zauberwichtels noch einen Moment auf dich wirken.

Verabschiede dich anschließend und gehe zurück zu der Wiese. Hier siehst du einen blauen Knopf. Wenn du soweit bist, drücke diesen Knopf und komme wieder zurück ins Hier und Jetzt.

Schön, dass du wieder da bist.

Und so geht's:
Legen Sie für jedes Kind eine Turnmatte aus. Breiten Sie darauf eine Decke aus und legen Sie die zweite Decke und das Kissen für jedes Kind bereit. Im Turnraum angekommen, machen es sich die Kinder auf den vorbereiteten Matten gemütlich.
Sobald die Kinder ihre passende Position gefunden haben, klären Sie zunächst kurz die Modalitäten: Während der Seelenmassage sollte nicht gesprochen werden. Alle Impulse werden deshalb nur im Geiste ausgeführt. Fragen beantwortet dabei jeder still für sich.

Idee: Aline Kurt

Siggi sucht ein Zuhause

Fußmassage

Alter: ab 3 Jahren
Dauer: 10 Minuten

Langsam, aber sicher wird es draußen immer kälter. Da weiß Siggi, die kleine Spinne: Es ist Herbst.
Fingerspitzen auf der Fußaußenseite aufsetzen, damit über den Fußrücken laufen.

Nun wird es höchste Zeit für die kleine Spinne, ein gemütliches Winterquartier zu finden. Schließlich möchte Siggi nicht frieren.
Beide Handflächen aneinander reiben, bis sie warm sind, damit den Fuß umschließen.

Es dauert auch nicht lange, da hat die kleine Spinne ein gemütliches Haus entdeckt. Ob sie dort wohl den Winter verbringen kann?
Mit Fingerspitzen vom Fußrücken zur Ferse laufen.

Hier will sich Siggi mal ein wenig umschauen. Vorsichtig krabbelt die kleine Spinne unter der großen Tür hindurch. Praktisch, wenn man eine Spinne ist!
Mit sanftem Druck bis zu den Ballen laufen.

Siggi steht in einem großen Flur und schaut sich neugierig um.
Mit sanftem Druck über die Fußballen laufen.

Im Flur gibt es nicht allzu viel zu sehen, also wirft Siggi einen Blick ins Badezimmer.
Zum großen Zeh laufen.

Die kleine Spinne sucht das ganze Badezimmer ab. Doch nirgendwo kann sie ein gemütliches Plätzchen finden.
Großen Zeh mit Daumen, Zeige- und Mittelfinger umfassen, dann mit sanftem Druck darübergleiten.

Siggi sucht also weiter. Sein Weg führt ihn ins Schlafzimmer.
Zum zweiten Zeh laufen.

Ob die kleine Spinne hier wohl ein gemütliches Plätzchen finden kann? Während Siggi das Schlafzimmer inspiziert, entdeckt Mama die kleine Spinne. Sie schreit so laut, dass Siggi schnell wegläuft.
Zeh mit Daumen, Zeige- und Mittelfinger umfassen, dann mit sanftem Druck darübergleiten.

Sein Weg führt ihn ins Wohnzimmer.
Zum mittleren Zeh laufen.

Gespannt schaut sich Siggi im großen Wohnzimmer um.
Zeh mit Daumen, Zeige- und Mittelfinger umfassen, dann mit sanftem Druck darübergleiten.

Doch auch hier findet die kleine Spinne kein schönes Plätzchen. Also versucht sie ihr Glück in der Küche.
Zum Ringzeh laufen.

Hier muss es doch einen schönen Platz für sie geben?
Ringzeh mit Daumen, Zeige- und Mittelfinger umfassen, dann mit sanftem Druck darübergleiten.

Nein, auch hier ist es nicht schön. Papa steht in der Küche und kocht. Das ist Siggi zu ungemütlich. Also sucht er im Kinderzimmer weiter.
Zum kleinen Zeh laufen.

Während sich Siggi auch hier umschaut, entdeckt Simon die kleine Spinne.
Kleinen Zeh mit Daumen, Zeige- und Mittelfinger umfassen, dann mit sanftem Druck darübergleiten.

Siggi hat schlimme Angst. Vielleicht schreit Simon, so wie seine Mama. Vielleicht haut oder tritt er ihn sogar.

Doch ehe Siggi sich versieht, hat Simon die kleine Spinne schon aufgehoben.
„Du suchst ein Zuhause, richtig?“, will Simon wissen. Siggi nickt.

„Na, dann komm. Du kannst es dir in meinem Zimmer gemütlich machen“, erklärt Simon und baut für Siggi ein kleines Bett auf der Fensterbank.

Dankbar lässt sich die kleine Spinne auf dem Kissen nieder.
„Wer hätte gedacht, dass die Menschen so nett sein können?“, denkt Siggi, bevor ihm vor lauter Müdigkeit die Augen zufallen.
Fuß umgreifen und sanft massieren.

Idee: Aline Kurt

Winter

Elis Wintervorrat

Walnussmassage

Alter: ab 3 Jahren
Dauer: 10 Minuten

Material
3 Walnüsse

Als Eli an einem kalten Wintermorgen in ihrem Kobel erwacht, hat das kleine Eichhörnchen riesigen Hunger.
Fäuste auf den Rücken drücken, dann hin- und herwackeln.

Eli hat bereits eine ganze Zeit lang geschlafen, doch nun heißt es für kurze Zeit raus aus den Federn. Flink, wie es eben nur Eichhörnchen können, klettert sie aus ihrem kuschelig warmen Nest und schwingt sich beherzt von Ast zu Ast.
Handballen kreuz und quer über den Rücken bewegen.

Völlig lautlos kommt das kleine Eichhörnchen in Lichtgeschwindigkeit auf dem schneebedeckten Boden an.
Handfläche sanft auf den Rücken drücken.

Angestrengt denkt Eli nach: Wo hat sie noch mal im Herbst ihre Vorräte vergraben? Wie gut, dass sie nicht nur ein, sondern gleich mehrere Verstecke für die leckeren Nüsse hat.
Walnüsse auf den Rücken legen, sanft drücken.

Flink rennt Eli hin und her. Sie gräbt ein wenig hier und ein wenig dort.
Mit den Fingerspitzen den Rücken an zwei unterschiedlichen Stellen massieren.

Aha! Da ist sie ja, Elis Lieblingsspeise: eine leckere Walnuss.
Sanften Druck auf eine der Walnüsse ausüben.

Doch als Eli nach der Nuss greifen will, kommt plötzlich Rudi Rabe angeflogen.
Mit den Handflächen kreisförmig über den Rücken wischen.

Im Handumdrehen schnappt sich der freche Rabe die Nuss und fliegt mit ihr davon.
Mit der Nuss kreisförmig den Rücken massieren.

Da der kleine Rabe die Nuss mit seinem Schnabel nicht öffnen kann, lässt er sie kurzerhand auf die Straße fallen.
Nuss sanft auf den Rücken fallen lassen.

Das nächste Auto fährt darüber und öffnet die Nuss für Rudi, der sich grinsend den Inhalt schnappt.
Mit der Handfläche über die Walnuss auf dem Rücken rollen.

Und Eli? Das kleine Eichhörnchen hat längst eine neue Nuss gefunden. Immerhin hat Eli ja genügend Verstecke.
Alle Nüsse gleichzeitig über den Rücken rollen.

Idee: Aline Kurt

Im Winter gibt's viel anzuziehen

Ganzkörpermassage

Alter: ab 3 Jahren
Dauer: 10 Minuten

Als Lars am Morgen erwacht, traut er seinen Augen nicht.
Sanft über den Rücken streichen.

Der ganze Garten liegt voller Schnee.
Handflächen sanft auf den Rücken drücken, langsam von der Lendenwirbelsäule bis zu den Schulterblättern vorarbeiten.

Nicht nur das. Es schneit sogar noch immer!
Mit Fingerspitzen leicht auf den Rücken trommeln.

So schnell er kann, zieht Lars sich an. Das muss er sich unbedingt aus der Nähe ansehen. Lars hat schon sehnsüchtig auf den Schnee gewartet.
Aber zuerst braucht er eine Schneehose.
Beine mit den Handflächen abstreichen.

Auch dicke Socken dürfen natürlich nicht fehlen.
Fußsohlen mit den Handflächen abstreichen.

Ein warmer Pulli wäre auch nicht schlecht.
Rücken mit den Handflächen abstreichen.

Und natürlich eine Jacke.
Bauch mit den Handflächen abstreichen.

Handschuhe braucht Lars auch, sonst werden seine Hände kalt.
Hände mit den Handflächen abstreichen.

Eine Mütze sollte er aufsetzen.
Kopf mit den Handflächen abstreichen.

Ein Schal darf auch nicht fehlen.
Hals mit den Handflächen abstreichen.

Jetzt braucht Lars nur noch Schuhe.
Fußrücken mit den Handflächen abstreichen.

Schon kann es losgehen!
Sanft kitzeln.

Idee: Aline Kurt

Das weiße Zeug da draußen

Fußakupressur

Alter: ab 3 Jahren
Dauer: 10 Minuten

Material
Watte

Als Harry, der kleine Hase, am Morgen aus seinem Bau heraushoppelt, bleibt er zunächst verwundert stehen. Hier ist ja alles weiß!
Fuß sanft mit Watte umwickeln.

Was um Himmels willen ist denn das? Harry ist ratlos. So etwas hat er ja noch nie gesehen.
„Ob das wohl gefährlich ist?", fragt sich der kleine Hase und hoppelt sicherheitshalber wieder zurück in seinen Bau.
Fingerspitzen an den Zehen ansetzen, den gesamten Fußrücken entlang bis zum Knöchel drücken.

Aber ein wenig neugierig ist der kleine Hase irgendwie auch. Außerdem hat er schrecklichen Hunger. Harry atmet tief ein und aus. Jetzt hat er genügend Mut gesammelt, um sich das unbekannte weiße Zeug erneut anzuschauen.
Vom Knöchel bis zu den Zehen mit allen Fingerspitzen drücken.

Vorsichtig steckt Harry ein Pfötchen in das weiße Zeug und versinkt darin.
Großen Zeh umfassen, sanft drücken.

Ui, ist das kalt! Aber irgendwie fühlt es sich auch schön an. So sanft und kuschelig. Harry versucht es noch einmal. Diesmal nimmt er sicherheitshalber das andere Pfötchen.
Zweiten Zeh umfassen, sanft drücken.

Wieder versinkt sein Pfötchen tief in der weißen Pracht. Vielleicht klappt es mit den Hinterpfoten besser?
Mittleren und kleinen Zeh umfassen, sanft drücken.

Nein, auch die sinken ein. Was soll Harry nur machen? Da kommt plötzlich Reni Reh angelaufen.
Fuß umfassen, sanft drücken.

„Harry, komm, es ist so schön hier draußen. Du brauchst dich nicht zu fürchten. Das ist nur Schnee. Trau dich!", ruft Reni und läuft um Harry herum.
Fuß umfassen, mehrmals sanft drücken.

Da gibt sich der kleine Hase einen Ruck. Schließlich ist Reni seine beste Freundin. Ihr kann Harry vertrauen. Schnell sprintet er los und kann sein Glück nicht fassen: Dieser Schnee ist das Beste, was der kleine Hase jemals gesehen hat.
Alle Zehen umfassen, sanft drücken.

Idee: Aline Kurt

Schorsch, der sprechende Schneemann

Rückenmassage

Alter: ab 3 Jahren
Dauer: 15 Minuten

Leonie ist schon ganz aufgeregt. Heute will sie mit Oma einen Schneemann bauen.
Drei Kreise übereinander auf den Rücken malen.

Draußen liegt überall Schnee.
Mit der Handfläche über den Rücken streichen.

Leonie rollt den Schnee zu einer großen Kugel.
Faust sanft über den Rücken streichen.

Oma hat währenddessen nur Quatsch im Kopf. Sie rollt eine kleine Kugel.
Daumen sanft über den Rücken streichen.

Und wirft sie Leonie an den Kopf.
Handfläche auf den Nacken legen.

Da muss Leonie lachen. Ihre Oma benimmt sich oft wie ein kleines Kind. „Hey Oma, hilf mir lieber!", ruft Leonie. Da muss auch Oma lachen: „Wer ist hier eigentlich die Erwachsene?" Aber Oma hört auf Leonie. Jeder formt nun eine große Kugel.
Beide Fäuste sanft über den Rücken streichen.

Jetzt müssen sie die schweren Schneekugeln nur noch aufeinandersetzen.
Faust dreimal auf den Rücken setzen.

Geschafft! Oma holt eine Möhre.
Mit Zeige- und Mittelfinger über den Rücken laufen.

Das wird die Nase.
Dreieck auf den Rücken malen.

Auch Augen braucht der Schneemann noch. Dafür nimmt Leonie zwei große Kieselsteine.
Beide Daumen unterhalb der Schulterblätter drücken.

Den Mund formt Leonie auch aus Steinen.
Daumen mehrmals nebeneinander drücken.

Fertig ist der Schneemann! Leonie ist mächtig stolz.
„Ich nenn dich Schorsch", sagt sie zum Schneemann.
Sanft über den Rücken streichen.

Doch jetzt muss sie sich mit Oma ein bisschen im warmen Haus aufwärmen, denn draußen ist es bitterkalt.
Handflächen aneinander reiben, bis Wärme entsteht, dann auf den Rücken legen.

Die beiden haben es sich gerade bei einer schönen warmen Tasse Kakao gemütlich gemacht, als es plötzlich an der Haustür klopft.
Faust sanft auf den Rücken klopfen.

Oma seufzt, während sie die Tür öffnet.
Von links nach rechts über den Rücken wischen.

Sie traut ihren Augen kaum. Vor der Tür steht Schorsch, der Schneemann.
Drei Kreise übereinander malen.

„Entschuldigen Sie die Störung, gnädige Frau, aber draußen ist es bitterlich kalt. Dürfte ich mich wohl bei Ihnen etwas aufwärmen?", will Schorsch wissen. Oma nickt. Ihr hat es nämlich glatt die Sprache verschlagen.
Mit Zeige- und Mittelfinger über den Rücken laufen.

Schorsch nimmt neben Leonie auf dem Sofa Platz. Auch Leonie staunt nicht schlecht, als der Schneemann plötzlich im Haus erscheint. Verwundert reibt sie sich die Augen.

Gerade als Leonie Schorsch ein wenig ausfragen möchte, hört sie weit entfernt ihren Namen rufen und sieht plötzlich Mamas Gesicht vor ihrem: „Aufwachen, du Schlafmütze."
Erneut reibt sich Leonie die Augen.
Ob das alles nur ein Traum war?
Rücken sanft abstreichen.

Idee: Aline Kurt

Das kann nur der Nikolaus gewesen sein

Rückenmassagegeschichte

Alter: ab 3 Jahren
Dauer: 15 Minuten

Die Tiere im Waldkindergarten sitzen brav auf dem Waldboden. Elli Eule, die Erzieherin, schmunzelt, als sie ihre Truppe so friedlich sieht.
Lachendes Gesicht auf den Rücken malen.

Ein klein wenig genießt sie auch den Anblick, denn das kommt äußerst selten vor. Eigentlich sogar nur ein einziges Mal im Jahr – nämlich immer dann, wenn der Nikolaus kommt.
Mit Zeige- und Mittelfinger über den Rücken spazieren.

Plötzlich klopft es.
Sanft am Rücken anklopfen.

Ob das der Nikolaus ist? Gespannt blicken die Tierkinder zur Tür, als Elli Eule sie öffnet.
Von links nach rechts über den Rücken wischen.

Vor der Tür steht ein großer Sack.
Sack auf den Rücken malen.

Was da wohl drin sein mag? Neugierig laufen alle Tierkinder zur Tür:
Reni Reh,
Mit vier Fingern über den Rücken springen.

Walter Wildschwein,
Mit vier Fingern über den Rücken laufen.

Manfred Maus,
Mit vier Fingern über den Rücken tippeln.

Fred Fuchs,
Mit vier Fingern langsam über den Rücken schlendern.

Harry Hase
Mit vier Fingern über den Rücken hoppeln.

und Bruno Bär.
Mit vier Fingern gemächlich über den Rücken schlendern.

Gespannt öffnet Elli Eule den großen Sack.
Handflächen mittig auf dem Rücken auflegen, auseinanderziehen, dann nach oben und unten wischen.

Drinnen sind ganz viele Schokokugeln.
Kreise auf den Rücken malen.

Zum Vorschein kommen auch jede Menge Nüsse.
Daumen mehrmals auf den Rücken drücken.

Und Orangen.
Größere Kreise auf den Rücken malen.

Begeistert klatschen die Tierkinder in die Hände: Was für eine schöne Überraschung!
Herz auf den Rücken malen.

Das kann nur der Nikolaus gewesen sein!
Zipfelmütze auf den Rücken malen.

Idee: Aline Kurt

Komm, wir backen Plätzchen

Handmassagegeschichte

Alter: ab 3 Jahren
Dauer: 15 Minuten

Heute will Jason mit Oma Plätzchen backen. Doch zuerst muss er seine Finger waschen. Das will Oma so.
Hände einzeln umfassen, kräftig reiben.

Anschließend macht Oma den Teig. Jason darf ihr dabei helfen. Dazu nimmt sie eine Schüssel.
Hand unter die Hand des Kindes legen. Die Kinderhand ist dabei nach oben geöffnet.

Jason schüttet Mehl in die Schüssel.
Sanft über die Handinnenfläche streichen.

Jetzt kommt der Zucker hinzu.
Fingerspitzen mehrmals schnell auf die Handfläche tippen.

Die Butter darf nicht fehlen.
Viereck in die Hand malen.

Auch Eier braucht Jason für den Teig.
Faust in die Handfläche legen, die Finger anschließend öffnen. (2x)

Zum Schluss fügt Oma etwas Zimt hinzu.
Sanft in die Hand pusten.

Und gemahlene Orangenschalen. Mhm, wie die duften!
Kreis in die Hand malen.

Auch leckere Schokotröpfchen kommen in den Teig.
Viele kleine Kreise malen.

Nun heißt es kneten, was das Zeug hält.
Hand sanft durchkneten.

Puh, war das anstrengend. Aber das war die Sache wert. Herausgekommen ist ein ganz geschmeidiger Teig.
Hand des Kindes sanft streicheln.

Oma wischt noch schnell die Arbeitsplatte ab.
Handfläche fest über die Hand des Kindes wischen.

Dann rollt sie den Teig aus.
Faust über die Handinnenfläche rollen.

Jason darf die Plätzchen ausstechen.
Fingerspitzen in die Handinnenfläche piksen.

Anschließend kommen sie in den Ofen.
Hände aneinander reiben, bis sie warm sind, anschließend die Hand des Kindes umschließen.

Fertig!
Hand sanft abstreichen.

Idee: Aline Kurt

Rentier Rudolph macht Urlaub

Handmassage

Alter: ab 3 Jahren
Dauer: 10 Minuten

Rentier Rudolph seufzt: „Bald ist ja schon wieder Weihnachten. Ich habe keine Lust, so viel zu arbeiten." Traurig lässt das alte Rentier seine Ohren hängen.
Daumen und kleinen Finger umfassen, sanft drücken.

„Ach Rudolph, du bist ein gutes Rentier. Wenn du keine Lust auf Weihnachten hast, dann mache doch in diesem Jahr einfach Urlaub.
Ich weiß, dass du schon 530 Jahre lang mit mir zu all den Kindern reist. Ich verstehe dich", meint der Weihnachtsmann, während er das alte Rentier liebevoll in den Arm nimmt.
Hand umfassen, sanft drücken.

Da beginnen Rudolphs Augen plötzlich zu strahlen.
„Weihnachtsmann, du bist der Allerbeste", ruft das alte Rentier und ist auch schon davongerannt.
Handfläche über die Handfläche des Kindes streichen.

Rudolph hat etwas ganz Besonderes vor: Er will Urlaub machen. Da es am Nordpol immer eisig kalt ist, ...
Hand des Kindes zwischen die eigenen Handflächen legen, sanft kneten.

... will Rudolph in die Sonne.
Sonne auf den Handrücken malen.

Das alte Rentier setzt sich also in das nächste Flugzeug und reist in den Süden.
Hand umfassen und damit „fliegen".

Als Rudolph ankommt, traut er seinen Augen nicht. Hier sieht es ja ganz anders aus als zu Hause. Wo ist denn bitte schön der Schnee?
Handfläche über die Hand des Kindes wischen.

Und puh, hier ist es ja schrecklich heiß.
Handflächen aneinander reiben, bis sie warm sind, dann die Hand des Kindes umfassen.

Nee, hier will Rudolph nicht bleiben. Zu Hause ist es doch viel schöner. „Weihnachten, ich komme!", ruft das alte Rentier und läuft so schnell es kann zurück zum Weihnachtsmann.
Handfläche und jeden einzelnen Finger massieren.

Idee: Aline Kurt

Die Orangenoma

Orangenmassage

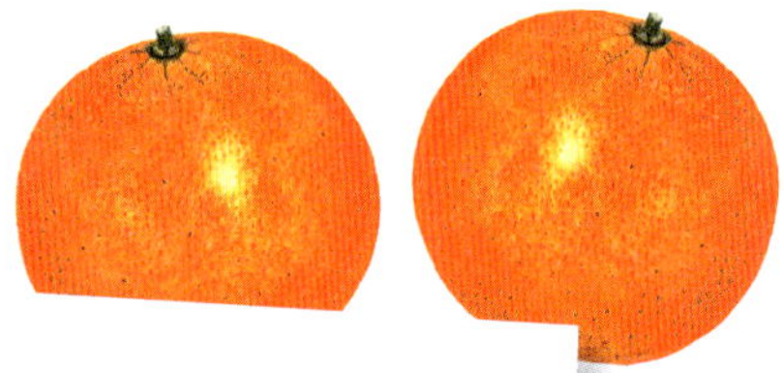

Alter: ab 3 Jahren
Dauer: 15 Minuten

Material
4 Orangen

Jedes Jahr zu Weihnachten schenkt Oma Gertrud fremden Menschen Orangen. Das macht sie einfach, weil es ihr Freude bereitet.
Sanft über den Rücken streichen.

Auch in diesem Jahr geht Oma Gertrud wieder mit einem großen Netz voller Orangen in die Stadt.
Orangen auf den Rücken legen: unterhalb der Schulterblätter und im unteren Rückenbereich.

Dabei hat sie jede Menge Spaß. Der erste Mensch, der Oma Gertrud entgegenkommt, bekommt eine Orange geschenkt. Es ist ein alter Mann. „Hier, bitte schön, das ist für Sie", sagt Oma Gertrud und drückt dem Mann eine Orange in die Hand.
Mit einer Orange punktuell den linken Rücken massieren.

„Oh, danke schön. Das ist aber nett von Ihnen!", freut sich der alte Mann und nimmt glücklich sein Geschenk in Empfang.
Orange mehrmals über die linke Rückenhälfte gleiten lassen.

Oma Gertrud läuft weiter. Sie bemerkt eine Frau, die sehr gestresst zu sein scheint. „Diese Dame braucht ganz dringend eine Orange", beschließt Oma Gertrud und läuft schnurstracks auf die Frau zu.
Mit einer Orange über den Rücken „laufen".

„Entschuldigen Sie bitte. Sie wirken so gestresst. Da dachte ich, diese Orange würde Ihnen vielleicht ein bisschen Freude bereiten", meint Oma Gertrud, während sie der Dame die Orange in die Hand drückt.
Mit einer Orange punktuell den linken Rücken massieren.

Die Dame strahlt. Ihr Stress scheint wie weggefegt zu sein, während sie glücklich ihr Geschenk in den Händen hält. „Danke schön. So etwas Liebes habe ich ja schon ewig nicht erlebt", freut sich die Frau.
Mit der Orange sanft die rechte Rückenhälfte massieren.

Auch Oma Gertrud freut sich, dass ihr kleines Geschenk so gut ankommt. Beschwingt läuft sie weiter.
Mit zwei Orangen über den Rücken laufen.

Während sie sich nach dem nächsten Menschen umsieht, der ein Orangengeschenk nötig hat, macht es plötzlich „Rums".
Beide Orangen auf dem Rücken schnell hin und her bewegen.

Ein kleiner Junge ist mit Oma Gertrud zusammengestoßen. Vor lauter Schreck hat Oma Gertrud dabei die Orangen fallen lassen.
Beide Orangen ganz sanft auf den Rücken plumpsen lassen.

Wie es sich für echte Orangen gehört, kullern beide schnurstracks davon.
Orangen über den Rücken rollen lassen.

„Entschuldigung. Das wollte ich nicht", stammelt der kleine Junge, während die Orangen kurzerhand die Straße hinunterrollen.
Orangen über den Rücken rollen lassen.

Und Oma Gertrud? Die ist nicht sauer, nicht die Bohne! Sie nimmt den kleinen Jungen in den Arm und tröstet ihn.
Über den Rücken streicheln, dabei sanft klopfen.

„Das war doch keine Absicht. Ist überhaupt nicht schlimm. Hauptsache, uns beiden ist nichts passiert", findet Oma Gertrud.

Während der kleine Junge seine Tränen aus dem Gesicht wischt, läuft plötzlich ein kleines Mädchen auf die beiden zu. In den Händen hält sie zwei Orangen.
Beide Orangen auflegen, damit Kreise auf dem Rücken ziehen.

„Hier sind Ihre Orangen", sagt das Mädchen und streckt sie Oma Gertrud entgegen. Oma Gertrud nimmt die beiden Orangen und betrachtet sie wie ein Wunder.
Beide Orangen ruhig auflegen.

„Diese Orange ist für dich, weil du sie gerettet hast", erklärt Oma Gertrud, während sie dem Mädchen eine Orange schenkt.
Mit der Orange sanft die obere Rückenhälfte massieren.

„Und diese Orange ist für dich", wendet sich Oma Gertrud an den kleinen Jungen.
Mit der Orange sanft die untere Rückenhälfte massieren.

Die beiden Kinder freuen sich sehr. Während sie ein Stück des Weges gemeinsam laufen, wundern sie sich noch ein bisschen über die seltsame alte Dame.

„Weißt du was", meint der Junge, „wir sollten sie die Orangenoma nennen. Sie ist ganz anders als die anderen Erwachsenen. Sie freut sich, wenn sich andere freuen und sie ist nicht böse oder nachtragend. So eine Oma verdient einen besonderen Namen."

Das Mädchen nickt zustimmend. Die Orangenoma ist wirklich ein ganz besonderer Erwachsener.
Flache Hand mehrmals über den Rücken streichen.

Idee: Aline Kurt

Die Weihnachtswichtel bei der Arbeit

Massagegeschichte

Alter: ab 3 Jahren
Dauer: 10 Minuten

Schon seit einer gefühlten Ewigkeit haben die Weihnachtswichtel alle Hände voll zu tun. Immerhin müssen sie all die Geschenke verpacken, die der Weihnachtsmann an Weihnachten zu den Kindern bringt.
Handflächen auf die Schulterblätter legen, kurz drücken, auf diese Weise bis zum unteren Rücken vorarbeiten.

Da kommt auch schon die nächste Fuhre Spielsachen auf den Geschenketisch.
Faust an unterschiedlichen Stellen leicht auf den Rücken drücken.

Zunächst muss das Geschenkpapier glattgestrichen werden.
Über den Rücken streichen.

Jetzt wird das Geschenk daraufgelegt.
Handflächen unterhalb der Schulterblätter auflegen, sanft drücken.

Das Papier muss ausgemessen werden.
Finger in Form eines Rechtecks über den Rücken schieben, leichten Druck aufbauen.

Jetzt kürzt es der Weihnachtswichtel mit der Schere.
Faust zunächst sanft über die linke, anschließend über die rechte Seite schieben.

Geschafft! Jetzt wird das Papier um das Geschenk gewickelt.
Handkante von oben nach unten und von links nach rechts über den Rücken schieben.

Jetzt muss alles mit Klebefilm festgeklebt werden.
Daumen von oben nach unten und von links nach rechts über den Rücken schieben.

Zum Schluss bekommt das Geschenk noch eine hübsche Schleife.
Liegende 8 auf den Rücken malen.

Stolz betrachtet der Weihnachtswichtel sein Werk.
Mit beiden Händen über den Rücken streichen.

Doch viel Zeit bleibt ihm nicht, denn das nächste Geschenk wartet schon ...
Schritte 2 bis 11 beliebig oft wiederholen.

Idee: Aline Kurt

Weihnachts-wünsche

Fußmassage

Alter: ab 3 Jahren
Dauer: 5 Minuten

Bald schon ist Weihnachten und Samira hat jede Menge Wünsche.
Sie wünscht sich ...

einen Teddy,
Dicken Zeh umfassen, sanft drücken.

einen neuen Ball,
Zweiten Zeh umfassen, sanft drücken.

ein Skateboard,
Mittleren Zeh umfassen, sanft drücken.

eine neue Puppe
Ringzeh umfassen, sanft drücken.

und ein Puppenhaus.
Kleinen Zeh umfassen, sanft drücken.

„Das sind aber viele Wünsche", findet ihr Freund Jamie.
Fuß umfassen, sanft drücken.

„Ich wünsche mir einen schönen Tag mit meiner Familie", sagt er.
Fuß sanft massieren.

Und was wünschst du dir?
Fuß anstupsen.

Idee: Aline Kurt

Warum feiern wir eigentlich Weihnachten?

Rückenmassagegeschichte

Alter: ab 3 Jahren
Dauer: 15 Minuten

Vor langer Zeit lebte ein Mann namens Kaiser Augustus. Das Land, das er regierte, war unvorstellbar groß.
Großen Kreis auf den Rücken malen.

Eines Tages hatte Augustus eine Idee. Er wollte wissen, wie viele Menschen in seinem Reich leben. Sie alle sollten ihm Geld bezahlen. Ihre Namen wurden dafür in ein Buch eingetragen.
Zickzacklinien malen.

Für diese Volkszählung mussten alle Leute in den Ort wandern, in dem sie geboren worden waren. Auch ein Mann namens Josef musste gemeinsam mit seiner Frau Maria an dieser Zählung teilnehmen. Dazu mussten sie nach Bethlehem gehen, in Josefs Geburtsstadt.

Das war gar nicht so einfach für die beiden, denn Maria war schwanger und würde bald ihr Kind bekommen. Damals gab es nämlich noch keine Autos oder Flugzeuge. Maria und Josef blieb also nichts anderes übrig, als den weiten Weg zu Fuß zu gehen.
Mit Zeige- und Mittelfinger über den Rücken spazieren.

Auch viele andere Menschen mussten nach Bethlehem gehen. Als Maria und Josef dort ankamen, war die Stadt mit Menschen voll.
Mehrere Strichmännchen malen.

Maria und Josef waren von der langen Reise sehr erschöpft und wollten sich ausruhen. Vor allem Maria brauchte dringend ein Bett für die Nacht. Schließlich würde ihr Kind bald zur Welt kommen.

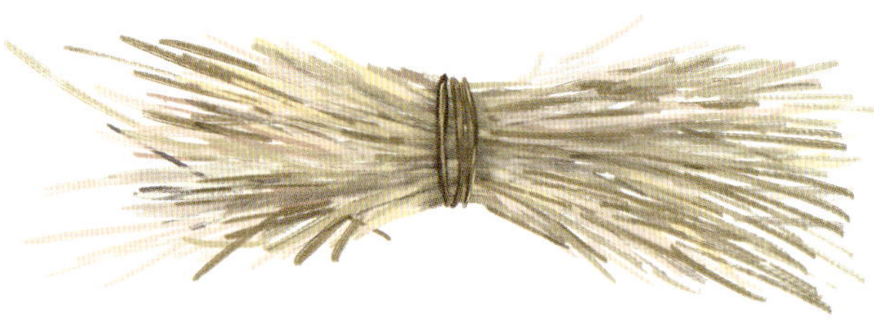

Als sie eine Herberge sahen, klopfte Josef an die Tür.
Eine Herberge ist ein Haus, in dem man ein Bett für die Nacht mieten kann. Hotels, so wie wir sie heute kennen, gab es damals noch nicht.

Doch der Wirt hatte kein Bett mehr frei. Alles war belegt. Die beiden gingen weiter und versuchten an der nächsten Herberge ihr Glück. Aber auch hier war schon alles besetzt.

Sie klopften an unzählige Türen. Doch keiner ließ sie herein. Nirgendwo fanden die beiden ein Zimmer, in dem sie die Nacht verbringen konnten.
Mehrmals sanft auf den Rücken klopfen.

Da sahen die beiden einen Stall, in dem einige Tiere schliefen. Maria und Josef überlegten nicht lange und gingen hinein. Immerhin war es im Stall trocken und dank der vielen Tiere auch recht warm.
Haus und Strichmännchen-Tiere malen.

So gut es ging, machten sie es sich im Stall gemütlich. Dort, inmitten der Tiere, brachte Maria ihren Sohn Jesus zur Welt. Sie wickelte das Baby in Tücher und legte es in die Krippe. Darin lag normalerweise Heu für die Tiere. Doch die Tiere spürten, dass hier nun ein Baby lag und ließen es in Ruhe schlafen.
Rücken umfassen, Kind sanft hin- und herwiegen.

Währenddessen hüteten einige Hirten in der Nähe ihre Schafe. Plötzlich kam ein Engel zu ihnen. Die Hirten bekamen einen großen Schreck und fürchteten sich sehr.

Der Engel beruhigte sie und sagte: „Ihr braucht keine Angst zu haben. Ich möchte euch etwas ganz Tolles erzählen. Heute ist in Bethlehem ein Kind namens Jesus geboren worden. Es wird die Welt verändern und euch retten. Ihr werdet es in einem Stall in Bethlehem finden."

Es kamen weitere Engel dazu. Sie lobten Gott und verschwanden dann wieder.
Flügel malen.

Die Hirten machten sich sofort auf den Weg nach Bethlehem. Sie wollten das besondere Kind mit eigenen Augen sehen.

Tatsächlich hatten die Engel die Wahrheit gesagt. Als die Hirten am Stall ankamen, sahen sie Jesus in der Krippe liegen.
Mit Zeige- und Mittelfinger über den Rücken laufen.

Die Hirten waren so begeistert, dass sie allen Menschen, die sie trafen, davon erzählten. Damals gab es natürlich noch keine Telefone oder Handys. Deshalb konnten die Hirten niemanden anrufen, um von Jesus' Geburt zu berichten. Trotzdem verbreitete sich die tolle Nachricht sehr schnell.
Herz malen.

(frei nach LK 2, 1–20)

Idee: Aline Kurt

In dieser Reihe sind bereits erschienen:

Bewegungsspiele
ISBN: 978-3-96046-083-1

Spiellieder & Klanggeschichten
ISBN: 978-3-96046-085-5

Fingerspiele
ISBN: 978-3-96046-114-2

Morgenkreis
ISBN: 978-3-96046-115-9

Mitmachgeschichten & Mitmachgedichte
ISBN: 978-3-96046-151-7

Traumreisen & Vorlesegeschichten
ISBN: 978-3-96046-168-5

Rezepte zum Mitmachen
ISBN: 978-3-96046-180-7

Klett Kita